U0640326

# 学生道德素质教育

《"四特"教育系列丛书》编委会 编著

吉林出版集团股份有限公司
全国百佳图书出版单位

图书在版编目（CIP）数据

学生道德素质教育／《"四特"教育系列丛书》编委会编著．—长春：吉林出版集团股份有限公司，2012.4
（"四特"教育系列丛书／庄文中等主编．学生素质教育与培养）
ISBN 978-7-5463-8754-3

Ⅰ.①学…　Ⅱ.①四…　Ⅲ.①中小学生－德育
Ⅳ.① G631

中国版本图书馆 CIP 数据核字（2012）第 043936 号

学生道德素质教育
XUESHENG DAODE SUZHI JIAOYU

| | |
|---|---|
| 出 版 人 | 吴　强 |
| 责任编辑 | 朱子玉　杨　帆 |
| 开　　本 | 690mm×960mm　1/16 |
| 字　　数 | 250 千字 |
| 印　　张 | 13 |
| 版　　次 | 2012 年 4 月第 1 版 |
| 印　　次 | 2023 年 2 月第 3 次印刷 |
| 出　　版 | 吉林出版集团股份有限公司 |
| 发　　行 | 吉林音像出版社有限责任公司 |
| 地　　址 | 长春市南关区福祉大路 5788 号 |
| 电　　话 | 0431-81629667 |
| 印　　刷 | 三河市燕春印务有限公司 |

ISBN 978-7-5463-8754-3　　　　定价：39.80 元

# 前　言

　　学校教育是个人一生中所受教育最重要的组成部分,个人在学校里接受计划性的指导,系统地学习文化知识、社会规范、道德准则和价值观念。学校教育从某种意义上讲,决定着个人社会化的水平和性质,是个体社会化的重要基地。知识经济时代要求社会尊师重教,学校教育越来越受重视,在社会中起到举足轻重的作用。

　　"四特教育系列丛书"以"特定对象、特别对待、特殊方法、特例分析"为宗旨,立足学校教育与管理,理论结合实践,集多位教育界专家、学者以及一线校长、老师们的教育成果与经验于一体,围绕困扰学校、领导、教师、学生的教育难题,集思广益,多方借鉴,力求全面彻底解决。

　　本辑为"四特教育系列丛书"之《学生素质教育与培养》。

　　实施素质教育是我国现代化建设事业的需要。它体现了基础教育的性质、宗旨与任务。提倡素质教育,有利于遏制当前基础教育中存在着的"应试教育"和片面追求升学率的倾向,有助于把全面发展教育落到实处。从教育面向现代化、面向世界和面向未来的要求看,素质教育势在必行。这是我们基础教育时代的主题和任务。

　　学校教育的核心工作是培养全面发展的社会主义建设者和接班人,而学生则是未来的主要建设者和接班人,直接关系到整个社会的前途和命运。中小学生正处于青少年时期,其心理生理发展具有不成熟、可塑性强的特点,他们在面对错综复杂的社会时能否全面认识理性分析问题不仅是部分人的问题而是一个社会问题。当代青少年面临更多的机遇和史无前例的挑战,只有树立科学的价值观,才能全面正确地认识自己、他人和社会,才能在认识和改造世界的过程中取得成功。

　　本辑共20分册,具体内容如下:

　　1.《学生身体素质教育》

　　根据中小学生参与体育状况调查发现,学生身体素质呈现持续下降的趋势。针对学生身体素质下降的状况,必须要让体育课落到实处,且要加强开展学校课外体育活动的力度,充分调动广大学生参与课外体育活动,从而提高学生的身体素质,使学生的身心得到健康发展。同时,探寻学校学生身体素质下降的根源,从而提高他们的身体素质。

　　2.《学生心理素质教育》

　　本书的各位作者拥有多年从事心理健康教育和研究的经验,为此,我们运用心理学的基本原理,从同学们的需要出发,编写了本书,它主要包含上面提到的自我、人际、学习、生涯等几个方面的内容。希望同学们能通过本书的学习,掌握完成这些任务的战略与技巧,为你们的长远和可持续发展提供力所能及的帮助。

3.《学生观念素质教育》

不同的人对同一事物产生不同的看法,本来是很正常的事情,但如果不同学生的观念差异太大,甚至"针锋相对",就不能不让人琢磨一下。本书就学生的观念素质教育问题进行了系统而深入的分析和探讨,并提出了解决这一问题的新思路、可供实际操作的新方案,内容翔实,个案丰富,对中小学生、教师及家长均有启发意义。本书体例科学,内容生动活泼,语言简洁明快,针对性强,具有很强的系统性、实用性、实践性和指导性。

4.《学生道德素质教育》

道德素质是人的重要内涵,它决定着人的尊严、价值和成就。良好道德素质的培养,关键在青少年时期。为培养学生形成良好的行为习惯,提高道德素质,只有建立学校、家庭、社会三结合的"立体化"教育网络,才能最有效地促进学生道德行为的养成,全面提高青少年的素质,促进青少年的健康成长。

5.《学生形象素质教育》

我们自尊我们自信,我们尊敬师长,我们自强我们自爱,我们文明健康。青春就是一次又一次的尝试。身处在这个未知的世界,点滴的前进,都是全新的体验,它点亮中学生心中的那片雪海星辰。新时代的中学生用稚嫩的双手创造一个又一个生命的篇章。让我们用学识素养打造强而有力的翅膀,让我们用青春和梦想做誓言,让我们用崭新的形象面向世界。

6.《学生智力素质教育》

教学中学生正是通过语言符号和非语言符号,学习知识、技能,在吸取人类智力成果过程中,使自己的智力得到锻炼和发展。指导学生智力发展应贯串于教学过程的始终。备课、钻研教材、上课、答疑、辅导、组织考试、批改试卷和作业都应当分析学生思维的过程,考虑发展思维的教学措施。

7.《学生美育素质教育》

美育是培养学生全面发展的教育方针的重要组成部分。美育又称审美教育或美感教育,是培养学生正确的审美观点以及感受美、鉴赏美和创造美的能力的教育。美育是实施其他各育的需要,美育是全面发展教育的重要组成部分,它渗透在全面发展教育的各个方面,对学生身心健康和谐地发展有促进作用。

8.《学生科学素质教育》

教育应面向全体国民,以提高国民素质、提高学生科学素养为目标,为学生的终身发展打下基础。本书以培养小学生科学素养为宗旨并依据新课程标准编写。学生通过本书的学习,能知道与身边常见事物有关的浅显的科学知识,了解科学探究的过程和基本方法,保持和发展对周围世界的好奇心和求知欲,逐渐养成科学的行为习惯和生活习惯,形成敢于创新的科学态度,培养爱科学、爱家乡、爱祖国的情感。

9.《学生创造素质教育》

创造才能是各种能力的集中和最有价值的表现,人类社会文明都是创造出来的,所以只有具备创造才能的人,才是最有用的人才。一切发达国家都非常重视青少年创造才能的培养。培养创造才能要从教育抓起,要从小做起。

10.《学生成功素质教育》

本书旨在让学生认识到成功素质教育的重要性。成功素质教育的目的和意义在于:激发学生对于成功的欲望和追求;让学生了解成功素养的内涵和相关解释;通过开展积极有效的成功素质教育,激发学生潜能;让学生自发主动地参与成功素质的行为,由被动转为主动。

11.《学生爱国素质教育》

祖国是哺育我们的母亲,是生命的摇篮,我们应该因为自己是一个中国人而感到骄傲。学校要坚持抓好学生的爱国主义教育,使他们从小热爱祖国。"祖国"一词对小学生来说,比较抽象,因此,他们对学生进行爱国主义教育,注意从大处着眼,小处着手,引导学生从身边具体的事做起。

12.《学生集体素质教育》

一个国家如果没有团结稳定的局面是不可能繁荣兴盛;一个集体如果没有精诚合作的精神是不可能获得发展的;一个班级如果集体观念淡薄是不可能有提高进步的;一个人如果不加强培养集体意识,他是不可能被社会所接纳的。集体意识的培养对每个学生来讲是至关重要的。学生只有在校园就开始提高自己的集体协作意识,才能在将来的工作中游刃有余,才能让自己的前途得到更好的发展。

13.《学生人道素质教育》

人道主义精神与青年成长的关系非常密切,既关系思想意识上的完善,又关系知识面的拓展。为进一步切实加强青少年的思想道德建设,建议教育部制定切合实际的教育纲要,将人道主义教育纳入中小学生课程。本书从人道主义精神的培养入手,规范未成年人的行为习惯,使他们真正成为合格的接班人。

14.《学生公德素质教育》

社会公德作为人类社会生活中最起码、最简单的行为准则,是和广大人民群众的切身利益密切相关的,是适应社会和人的需要而产生的。它对人们的社会生活具有特殊且广泛的社会作用。每个社会成员都应该自觉遵守社会公德。社会公德是衡量一个国家全民素质水准的重要标志,抓紧对青少年进行社会公德教育,既是推动社会进步的奠基工程,也是社会主义精神文明建设的一项战略任务。

15.《学生信念素质教育》

加强公民道德建设,在全社会树立中国特色社会主义的共同理想和信念,加快构建传承中华传统美德、符合社会主义精神文明要求、适应社会主义市场经济的道德和行为规范。未成年人是祖国未来的建设者,加强和改进未成年人思想道德建设尤其重要。理想信念教育是培养公民素质的本质要求,把学生培养成为热爱社会主义祖国,具有社会公德、文明行为习惯的遵纪守法的公民是我国德育工作的主要任务。在德育体系中,理想信念教育处于核心地位,是德育研究的重中之重。

16.《学生劳动素质教育》

劳动素质教育是向学生传授现代生产劳动的基础知识和基本生产技能,培养学生正确的劳动观点,养成良好的劳动习惯的教育。本书旨在培养学生正确的劳动观点和良好的劳动习惯,使学生掌握初步的生产劳动知识和技能。

17.《学生纪律素质教育》

依法治国已成为我国治国的方略。我们正在建设社会主义法治国家,纪律法制在社会生活中的作用越来越重要,因此进行纪律法制教育也就十分必要了,对青少年学生尤其如此。青少年时期正好是一个人世界观、人生观、价值观的形成时期,在此时加强纪律法制教育,有利于帮助他们掌握应有的纪律法制知识,增强纪律法制意识,提高自觉遵守纪律法制的自觉性,养成良好的遵纪守法习惯。

18.《学生民主法制素质教育》

在推进依法治国,建设社会主义法治国家的进程中,加强对青少年的法制教育,促进青少年的健康成长,我们负有不可推卸的历史责任。为此,本书对当前青少年犯罪的现状、特点、成因进行了调查,对如何进一步加强青少年法制教育和预防青少年犯罪的方法作了一些探索,具有很强的系统性、实用性、实践性和指导性。

19.《学生文明素质教育》

礼仪是一种修养,一种气质,一种文明,一种亲和力,它是人际交往的通行证。青少年是祖国的希望,是 21 世纪国家建设的主力军。培养他们理解、宽容、谦让、诚实的待人处事和庄重大方、热情友好、礼貌待人的文明行为举止,是当前基础教育和学校德育工作的重点之一。将主题宣传教育活动、文明礼仪知识普及活动、日常行为规范教育活动紧密结合起来,培养学生文明行为举止,抓实抓细,必定卓然有效。

20.《学生人生观素质教育》

当代的中学生是跨世纪建设有中国特色社会主义的主力军,他们的人生观如何,关系到他们的本质是否能够得到全面提高,关系到我国社会主义大业的兴衰。因此,学校必须加强对中学生进行人生观教育。在校学生是我国社会生活中被寄予厚望的最重要的群体,他们的人生观变化是社会变化的晴雨表。人生观不仅影响他们个人的一生,而且对国家的前途、命运产生相当大的影响。因此,学校必须加强对中学生进行人生观教育。

由于时间、经验的关系,本书在编写等方面,必定存在不足和错误之处,衷心希望各界读者、一线教师及教育界人士批评指正。

编者

# 目 录

5

# 第一章

# 学生的道德素质教育与升级理论指导

# 1. 学生道德素质教育的意义

道德素质教育，体现了教育的社会性和阶段性，是学校教育的重要组成部分。它与智育、体育等相互联系，彼此渗透，密切协调，共同育人。它对学生的健康成长，对建设社会主义物质文明、精神文明和政治文明，促进社会全面进步，具有重要的意义。学生的道德素质与科学文化素质一样，不是与生俱来的，而是必须通过后天的教育和长期自我修养的过程，才能养成和提高。道德素质养成教育在学生的道德素质的培养与形成中具有不可替代的作用。

**道德素质养成教育的含义和过程**

所谓"养成"，指的是学生不仅要在课堂上系统地接受道德教育，而且更重要的是在生活和社会实践中自觉培养良好的道德品质，使道德内化为道德主体的自觉意识，自觉的习惯，自动的要求，形成一种有形的道德自律，使道德行为成为智慧的载体。

道德素质培育过程就是德育教育过程。在德育教育过程中，教育者与被教育者之间的关系是主要矛盾。如果把这对矛盾关系处理好了，其他矛盾就迎刃而解了。在教育过程中，对这个矛盾的两个方面，也就是教育者和被教育者是不可以平等对等的。因为相比而言，在教育者与被教育者之间，教育者始终处于主导地位，而学生一般是处于被动地位。因为教育者就是管理者，学生就是受教育者，是被管理者。学生的思想道德知识获得的渠道主要是教师的言传身教，学生的高尚的道德品质，良好的行为习惯也只有通过管理与教育才能养成。所以说，教育者思想道德素质的高低决定着德育工作的成败。我们强调教育者的主导作用，目的是要更加突出受教育者的地位和作用。如果没有受教育者的主动接受和配合，教育的结果必然是失败。只有充分认识和摆正学生在教育过程中所应处的主体地位，才能调动起学生进行自我教育的积极性，取得德育工作的最佳效果。苏霍姆林斯曾经说过，"只有能激发学生去进行自我教育的教育，才是真正的教育。"

自我教育是一个人道德素质形成与提高的内在因素，教育的最终目的，也就在于通过诱导学生养成良好的道德自我教育能力，培养学生高尚的道德情操。个体道德完善过程只有通过自我教育、自我修养才能达到目的。任何教育者，都不可能代替受教育者完成思想道德素质的培养和提高。学生在整个教育过程中，经历的阶段是在"依从"的基础上"认同"，然后再"内化"，从"他律"走向"自律"，达到道德素质养成之目的。

## 道德素质养成教育的意义和作用

道德素质培育过程具有突出实践性和修养性。在实践和修养过程中，强调引导学生通过"知"、"行"统一进行自我锻炼和自我修养，对完成德育工作目标，培养全面发展的各级各类优秀人才的意义和作用是非常深远和重大的。江泽民同志在庆祝北京大学建校百周年大会上的讲话中强调指出"求知与修养相结合，是中华民族的一个优秀文化传统。没有好的品德，也不可能把学到的知识真正奉献给祖国和人民，也就难以大有作为。青年时期注重思想修养、陶冶情操，努力树立正确的世界观、人生观、价值观，对自己一生的奋斗和成就将产生长远而巨大的作用。"

个体思想道德素质的提高是知、情、意、行相统一，相结合的辩证过程。我们在教育过程中，教育者应向受教育者反复强调自我修养，自我教育，自我完善的意义，引导他们结合自己成长的实际，身体力行，坚持不懈的践行。只有这样，才能使学生们树立起正确的思想意识和高尚的道德情操。也只有主动自觉地在生活和工作实践中养成正确的思想意识和高尚的道德情操，受教育者才能有良好的道德习惯和行为习惯，健康的生活，顺利地成长，适应未来社会的发展的需要。也只有形成良好的道德和行为习惯，受教育者才能逐步用正确的是非标准去分析问题，学会和掌握正确的立场、观点和方法，并运用它主观能动地去认识社会、人生，解决现实生活中的矛盾和问题，并能把自身的道德力量和人格魅力推而广之，产生一定的带动和辐射作用。

随着社会的前进和发展，物质文明和精神文明程度的不断提高，良好的道德意识和行为逐渐内化为大多数人一种自觉的智慧实践，把对人类的殷殷关怀推广到人类自身、社会与自然乃至太空，真正建立起一个富有人情和人性的世界。从这个意义上说，我们必须重视道德的力量、道德素质的力量，其根本原因就在于道德以及道德养成在塑造人的心灵和人格方面具有不可替代的作用。

**道德素质的养成教育的方法和途径**

（1）加强道德认知教育

经常开展大学生道德认知教育活动，逐渐提高道德水平。加强道德认知教育是提高受教育者的道德素质的重要途径之一，主要应做好以下两个方面的工作：一方面是有关的教育专家和教育工作者应本着科学、认真的态度建立起一个系统、科学、有效的现代德育课程体系，搞好德育教材建设，保证德育教育的内容目标化、系统化、有序化；加强德育师资队伍建设，没有合格优秀的教师，教育是不会取得成功的；开展课内外教育活动，保证有序进行；注重运用和发挥其他的学科产生的道德内容的教育成果，向德育课堂要质量，使道德认知通过有益的教学活动变成学生的一种自觉行为，提高道德认知能力；另一方面，应向教育者强调指出的是道德认知教育内容和方式的确定要与学生的心理接受能力和道德发展水平相适应，平时要注重开发和调动他们的心理潜能，以便更好的增强教育的针对性和延展性，从而实现德育效果内化为大学生的个性品质、良好的道德习惯。

教育者应鼓励受教育者对现实道德原则以及一些相关的问题进行准确的道德评价，引导他们实事求是地看待社会生活中发生的事情，着眼于社会的发展主流，使学生独立思考和自主判断道德问题的能力不断得到提高。另外教育者在设计教育程序和教育内容、方法时应充分考虑其他学科和一些学校开展的全员活动中包含有道德认识教育成分在德育中产生的影响和作用，有效的调整道德养成要素之间的和谐、统一、有序的关系，避免重复无效教育，使大学生在受教育的过程中能够主动自觉地增强道德认识能力，提高道德认识水平。

（2）增强道德自我完善意识

培养学生在道德认知教育活动中增强道德自我完善意识，在实践中提高道德责任感。一方面开展各种各样有益的校园活动，培养学生自尊、自重、自立、自爱、自强不息的精神，提高参与意识和竞争意识，体验主人翁的自豪感。这样就能比较有效的促进学生对人生价值的肯定，对崇高品质和人格的渴求；另一方面，要教育学生通过学习和活动自主寻找自身道德品质的恶源，帮助他们确立有效克服自身缺点的方式和方法。从教育者和管理者的角度，应充分信任学生们，让他们感到自己有能力进行自我教育、自我管理、自我约束，不能事事必躬，包办代替。

增强道德责任感培养良好的道德素质的基础要求。在市场经济条件下，道德责任感调节着个人与集体、社会之间的关系。道德责任感具有超越功利动机的先天目的性，使履行道德责任感的行为具有神圣高尚的价值。所以，必须教育学生培养良好的道德责任的自律性，以此来体现行为主体的自由选择和高尚意识。也就是说，当现实生活中人们陷入道德与不道德，正义与非正义的两种境地时，就需要我们学生能够主动自觉地选择更高一层次的道德责任，如牺牲局部利益，牺牲个人利益保存集体利益等，以此增强对集体、对民族、对国家的道德责任感，推进整个社会文明进程。

（3）坚持教育和管理两手抓

必须坚持教育和管理两手抓。要把道德规范转变为学生的道德品质，把他律变成自律，学生就必须在"内化"和"外化"两个方面下功夫。"内化"就是通过学习、教育，解决道德的思想认识问题。"外化"就是通过养成、管理，解决道德的行为实践问题。管理者不仅要着眼于学生本身道德素质的养成，而且要着眼于建立一个有一定免疫力的健康向上的校园环境，为学生道德素质养成教育提供一个良好的环境，加强教育渗透，开展丰富多彩的课内外活动和社会实践活动，把教育和管理有机结合起来，建立起一整套的教育和管理机制，如教育培养机制、舆论导向机制、风习熏陶机制、行政奖惩机制、法律强制机制等，形成一个良性教育互动系统。

在学生道德养成教育中通过这条主线，应把学校教育、家庭教育、社会教育等有机结合起来，优化德育养成环境，实现学校、家庭、社会教育一体化，有效地进行协调，形成一股合力，把学生培养成德才兼备、人格健全的社会主义现代化建设人才。把学校教育、家庭教育、社会教育作为"三位一体"的连续教育，这是现代德育发展的一种必然，也是道德素质养成教育实现的一条重要途径。

# 2．学生道德素质教育的重要性

道德素质是指人们从一定的道德准则和规范出发，在处理个人与他人、与社会的关系中，所表现出来的稳定的特征和倾向，是人们道德意识和道德行为的统一。简言之，就是做人的准则和标准。教育的目的主要有两个方面：一是做人，一是做事。做人是做事的前提和基础，学会了做人，才能更好地做事、做大事、成大事；做事是做人的目标和归宿，只有学会了做事，才能做大事、成大事，才能更好地体现做人的价值。学校教育是在基础教育的基础上，提高学生的做人标准和做事能力。学生要想立身成才，建功立业，首要的就是要先学会做人，也就是说必须有较高的道德素质。因此，道德素质是学生的立身素质。

### 学生适应社会的基本要求

人都是社会的产物，不能脱离社会关系而独立存在。一个人要想在社会上生存下来，适应当时的社会生活，特别是在新的社会生活中有所作为，就必须加强各方面的修养，其中道德修养是核心的基本的内容。当代学生正面临着一个前所未有的变革时代，社会主义现代化建设实践对未来人才素质提出了很高的要求，其中自然包括道德素质。学生同其他社会成员一样，也是社会关系的组成部分，作为新世纪的一代新人，要想适应当今和未来时代的客观要求，基本的一点就是要按照社会发展的客观规律和共产主义道德要求，自觉加强个人道德修养，提高道德素质。

### 发展和完善的需要

首先，道德素质是人的本质的特征之一。马克思说："人的本质并不是个人所固有的抽象物，在其现实性上，他是一切社会关系的总和。"个人只能在社会关系中生存和发展，而这种关系有特定的准则要求个人遵守，道德便是其中最为普遍、最为基本的行为准则。现实生活中，人们事实上也正是根据个人的道德素质及其表现来对春进行道德评价的。如对那些严重失德的人，我们会常常听到："你简直不是人！""你还算人么？"等谴责声，而那些具有高尚道德品质的人，则往往是人们心目中有理想人格的人，是鼓舞人们积极向上的榜样。可见，道德素质就是做人以及做什么样人的标志。

其次，道德素质的提高，是个人发展的核心内容和主要目标。

社会生产、社会关系的发展创造了道德，道德又进一步促进了人的完善。因此，个体道德素质的提高，是个人完善与发展的核心内容和主要目标。

### 学生成才的动力

高尚的道德素质在人才成长中的动力作用，主要表现在对个体成才动机的帮助和强化，对成才过程的激励和引导。高尚的道德素质帮助人们树立科学的世界观、人生观和价值观，树立远大的理想和抱负，培养坚强的意志和虚怀若谷的优良品德；激励人们为实现崇高的道德理想而刻苦钻研，努力拼搏，忘我求索；帮助人们正确认识与理解社会，树立正确的政治方向，坚定成才的信心。我国高校一直坚持对大学生开设道德修养课，来培养大学生良好的道德素质，其原因就在于此。

### 学生立身之本

个体的道德素质的高低，在各个不同的方面是有差别的。进入社会生活的人，其道德素质都是有高有低、有善有恶的。在当今社会生活中，由于社会正处在大的转轨和变革之中，人们对善恶的某些标准认识不尽一致。整体来说，绝大多数社会成员的道德修养在不断地去恶扬善。学生是现代社会生活中知识层次和文化素养都相对较高的特殊社会群体，从总体上，绝大多数学生都有比较高的道德素质，但这并不说明大学生不需要进行道德修养。相反，学生的道德修养必须加强。

# 3. 学生道德素质特点及对策

在校生的生存状况和心理特点已经成为反映当代中国青年学生生存状况和心理特点的重要维度之一。根据在校生的心理特点和心理规律实施道德素质教育，把他们培养成为高素质的劳动者，是历史赋予我们的神圣使命。

### 学生道德素质共性

（1）积极进取的人生价值观

学生的人生价值观是其对人生价值稳定的、综合的、持续的看法和取向，是学生价值观念体系的核心内容。学生大多都有着积极进取的人生价值观。

（2）主体性意识开始增强

在应试教育的背景下，虽然一直在提倡素质教育，提倡尊重学生个性，但事实是在大多数情况下，学生不敢坚持自己的见解，缺乏独立思考意识和探索精神。进入大学以后，学生没有了升学的压力，自由时间相对较多，便开始思考自己的问题，深入探索自我，在各个方面都表现出独立性倾向，对教师的依赖性明显减弱，具有较强的责任感和求知欲，能够积极主动地探索自己感兴趣的事物。

（3）适应能力受到考验

学生入学后，面临着生活环境、学习方式、人际相处模式等各方面的转变，大部分学生在经过或长或短时间的调整后，会逐步适应和形成大学生的生活和学习模式。但仍有一部分学生无法做到这种角色的转变，影响日常生活和学习，严重的甚至以结束学业收场。

### 学生道德素质独特性

学生具有活跃的思维和爱表现自己"才华"的天性，思想比较活跃，动手能力、专业技能、适应性比较强，但同时也存在一些问题。

（1）心理落差

学校成果不理想的学生受到阴影的影响，使理想中的自我与现实中的自我发生冲突。经过了几年的辛勤学习，其结果与他们人生的理想相差甚远，对学生来说，报考其他院校也是他们无奈的选择。

（2）自我认知出现偏差

作为心理健康公认的标准之一，能够正确地认识自己和悦纳自己，对人的发展是非常重要的。高职学生进入大学后，人才济济一堂，在不适当的相互比较中，有可能产生自我认知上的偏差。

（3）就业形势严峻影响

近年来，由于高校的扩招而使每年都有几百万的毕业生走向社会，他们片面地看到有些重点院校的个别学生一时没有找到工作，也对自己的将来产生了怀疑，对自己所在的学校知名度和自己所学的专业是否热门产生怀疑，对自己是否合乎用人单位的标准产生怀疑。他们自身对高职的定位认识不准确，对学校教育的优越性认识不够，对未来的前景看不到光明的一面，而常常夸大负面因素。

（4）情绪管理和自我调控能力

有些学生自身素质与高校要求不适应。他们虽然身在校园，并未真正踏入社会，但同样面对着诸如学习压力、人际交往压力、就业压力、家人期望带来的压力等多方面问题。如果具有良好的情绪管理和自我调控能力，就能够使身心处于积极向上、充满希望的乐观状态，并能适度地表达和控制自己的情绪，合理地宣泄不良的情绪。相反，在现实中相当一部分高职学生面临各方压力所带来的情绪波动，只能用放纵来宣泄，如逃课或沉迷网络来逃避现实。

**学生道德素质对策**

德育是一种整体教育，是一种开放教育，它具有多层次、多触角的全方位性。学校道德教育从根本上说是发展人的。道德素质教育是发展性的事业，道德教育着眼于人的发展，着眼于学生的发展，并且要着眼于学生的整体发展。

（1）健全人格教育

学校德育工作首先必须注重健全人格教育，增强学生良好的公民道德意识。注重健全人格教育，塑造高职学生健康人格，可从以下方面着手：爱国主义是健全人格教育的基础，有了爱国的感情，就容易形成崇尚科学、热爱科学、献身科学的精神，就能形成包括校风、教风、学风等构成的良好学校风尚，使得学校形成良好的心理氛围，产生强大的感召力和凝聚力。

（2）加强心理素质培养

要提高学校学生的自信心，教育者必须对高职学生进行信心的培养，信任他们，挖掘长处，提前进行职业指导工作，帮助他们认识自我，调整自己的发展目标，确定积极的心理态度，并通过丰富多彩的校园文化生活，培养他们的自信心，鼓励他们主动参与社会竞争，以实际行动证明自己的能力和实力。

（3）创造良好的环境氛围

一个理解、和谐、宽松的心理环境，一个团结、勤奋、求实的学习氛围，无疑是一股无形的力量。这对激励和鼓舞学生从孤寂与失落走向乐观与奋进，从消极与徘徊走向坚定与勇敢具有重要作用。学校展现的团结向上的校园文化、严谨求实的治学风尚、丰富多彩的课外活动、理解宽松的对话交流、真诚热情的情感传递，都将潜移默化地帮助高职院校的学生从困惑和苦闷中解脱出来，生机勃勃地投入生活。

（4）特定素质养成和相应教育实施

道德教育应将法制教育和成人意识教育作为最基本的德育内容，通过这两个教育来提高学生遵纪守法的自觉性，来增强学生的人格意识，以保持心理上的健康。以此为基础，再进行从行为规范到理想追求的道德教育，即从遵守社会公德、树立职业道德、规范行为的教育入手，推动学生向崇尚伦理、追求理想的层次发展；从以不侵害他人利益为最基本的准则，到乐于助人再到乐于奉献，逐层跃进。通过遵纪守法、行为规范与法制教育的实施，使学生树立起基本的法律意识和全面履行法律规定的义务意识、责任意识。人格健全与成人教育的实施。

**学生道德素质具体措施**

学生的德育教育能否成功，在很大程度上取决于是否找到了一个合适的契机。根据我们掌握的情况，这一契机就是现在学生关心的热点问题。当下较流行的"择业观"和"金钱观"问题，应该说现在的学生都很关心。

现在学生心理尚未成熟，可塑性较大，但由于受个人生理、家庭、社会、环境等因素的影响，造成了一个"自以为是"的"心理假成熟期"。所以，强制灌输、生硬填塞效果不理想，往往是适得其反。因此，根据他们现在的心理特点，采用他们乐于接受的形式，让他们在极自然的状态下体会到"善"的含义，领略到全心全意为人民服务这一人生的伟大真谛，应该说是一种很好的方法。

（1）活动育人，形式多样

学校的各项活动都是进行德育教育的良机，如开展校园文化活动进行爱党、爱社会主义和爱国教育，以适宜有效的方式引导学生，帮助他们树立正确的人生观和价值观。搞好"电影系列化教育"活动，根据高职学生的年龄特点和心理特征，有计划有选择地组织学生观看优秀影片，使学生开阔视野、锻炼思想、陶冶情操。

（2）实践育人，提高能力

学生品德的发展是在活动中能动地实现的。"近朱者赤，近墨者黑"，学生天性活泼，模仿能力强，思想认识上的局限常使他们认为外面的世界很精彩。他们正是在与外面社会的接触与相互作用过程中，接受来自社会、家庭、学校等方面的影响，逐步发展了自己的道德思想和行为习惯。

（3）发挥课堂教学的主渠道作用

课堂教学在各种教育途径中占有特殊的重要地位，高校的"两课"更以主渠道地位发挥理论指导作用。学校德育要以"两课"为核心，配合各学科教学对学生进行潜移默化的教育和熏陶。

（4）建立高素质的教师队伍

教师是对受教育者施加影响的主要方面。一名称职的教师，除了要有广博的文化素养、精通所教学科的知识和技能、懂得教育教学规律之外，重要的是应具备高尚的思想道德品质。德高为师，身正为范。身教重于言教。教师的心理品质、政治立场、价值取向、言谈举止都直接影响着学生。

（5）利用网络优势进行德育教育

网络具有开放性与共享性、自由性与平等性、便捷性与高效性，老师可以充分利用网络的优势对高职学生进行道德素质教育，如在网络中多渠道发布道德素质教育信息，争取最大化地占领网络信息空间。道德素质教育主体通过网络主动对道德素质教育客体进行引导和启发，研制和推广新的道德素质教育软件，创建道德素质教育网站，建立道德素质教育网络体系。

# 4. 学生道德素质教育主要内容

道德在人的心理活动过程中，起到"事先调节、事中指引、事后评价"的重要作用。德国著名教育家赫尔巴特把道德教育看作是教育的最根本、最首要的任务，是全部教育目的的核心。我国历来重视大学生德育素质水平，这种情况的产生与主流思想对人才要求"德才兼备"，"德"在"才"先，有着密切的渊源。

**爱国主义教育**

爱国主义是中华民族精神的核心，是千百年来形成的对自己民族、国家的一种深厚的感情。大学生学习爱国主义知识和有关理论，有利于激发大学生爱国主义情感，形成为祖国的繁荣昌盛贡献青春、智慧甚至是生命的高尚情操。

### 共产主义教育

我党的最高理想和最终目标是实现共产主义，共产主义社会是人类历史上最先进、最美好、最理想的社会制度。大学生树立起伟大的共产主义理想，有利于他们自觉形成高度的社会责任感，早日成长为有中国特色社会主义事业的合格建设者和可靠接班人。

### 集体主义教育

集体主义是共产主义道德的核心，是社会主义精神文明的重要标志。大学生树立集体主义思想，不仅对于当前推进精神文明建设具有重要的意义，而且对于促进物质文明建设，增强我国的综合国力，实现中华民族的伟大复兴，都具有重大的意义。

### 法制观念教育

法律就是国家按照统治阶级的利益和意志制定或认可，并由国家强制力保证其实施的社会行为规范的总和。所谓法制，是统治阶级运用法律手段治理国家的基本制度和方法。法制观念就是指人们对法制的看法和态度，其核心是对依法办事的态度。法制观念教育是培育大学生良好的法律品质、提高他们的法律意识、增强法制观念的有效途径，搞好大学生的法制观念教育对依法治国，推进社会主义民主进程具有重要的现实意义。

# 5. 学生的道德素质教育的作用

校园是一方净土，是教书育人、培养国家栋梁的地方。我们提倡传统的孝道和师道，提倡诚信、礼仪、道德，那么作为开展学生的道德素质教育又起着什么样的作用呢？

## "思想道德素质教育" 是素质教育的灵魂

现在讲素质教育，很多人往往喜欢强调知识素质、技能素质以及与专业技能相关的基础学科素质，而把思想道德素质的培养置于从形式上讲很重要，但具体操作上并不重要的位置。为什么会出现这种"说起来重要，做起来次要，忙起来不要。"的现象？主要原因就在于不少人在教育观念中长期存在着一种"重智轻德"倾向，从而导致无法在摆正德、智、体相互关系的基础上真正认识到思想政治素质在整个人才培养和人的全面发展中的基础地位。

素质教育从根本上说是全面发展人的综合素质，培养具有创新能力的合格的建设人才的教育。从学校人才培养的目标看，我们所需推进的素质教育，显然不能够仅仅是加强某一个或某几个方面的素质教育，而是全面发展的综合素质。也就是说，专业知识素质是素质教育的内容，专业技能素质也是素质教育的内容，加强这些方面的素质教育对培养具有创新能力的人才当然十分重要。但是，只注重这些素质的提高，不论从国家培养人才的目标看，还是从人的全面发展看，都是不全面的。更重要的是我们还应该正确认清思想道德素质在整个素质中的地位和作用。譬如说，人要有创新能力，创新精神必须首先具有吗？这种创新精神包括人的创造性思维的能力和哲学思想的品质，它包括人的远大理想信念和科学世界观基础，包括开拓进取的观念和百折不挠的意志品质等等。

我们既要加强知识和技能素质的培养，更要相应地加强科学精神的培养，即有强烈的社会责任感和创新精神，以及健全的人格和哲学思维的能力等等。所以在学校德育工作中应尽可能变学生的适应性发展为创造性发展，把学生的片面性发展为全面发展，变学生专门性发展为基础性发展，变学生显性发展为隐性发展，变学生被动性发展为主动性发展。从而引导学生培养自主学习，独立思考的能力，树立探索精神，开发创新思维，形成崇尚真知，热爱事业，追求真理的创新精神。

## "学会做人"是思想道德素质教育的核心

科学证明，许多影响人的一生行为成就的基本素质，都形成于幼年。因此，中小学时期是实施素质教育、培养学生为人处事的正确态度、提高综合能力，促进其德智体全面发展的最佳时期和关键时期。

中小学教育工作者面临的问题是：我们要培养什么样的新世纪人才？联合国教科文组织提出现代教育有六大目标：学会认知、学会做事、学会共处、学会学习、学会办事、学会一技之长。这两者异曲同工，从不同的方面对现代教育提出了要求。我认为，这其中的"学会做人"应该是德育教育和素质教育的核心。

学校是培养社会需要的各类人才的地方，教书的目的是为了育人。我们培养的每一个学生无论将来成就大小，他首先必须是一个"人"，也就是说是一个合格的公民。因此，"学会做人"教育应该成为德育工作的首要目标。

长期以来，学校教育和家庭教育在应试教育这根指挥棒的指导下走入了误区，不少"恨铁不成钢"的教师和"望子成龙"的父母心目中"好学生"、"好孩子"的衡量标准就是学习成绩，只注重了智育，而忽视了思想品德、道德素质的教育，忽视了对学生情感、意志、行为的培养，忽视了对学生内心世界的塑造和自我教育，自我约束能力的培养。再加上社会上一些不良风气对学生的影响，部分中小学生中存在着种种不良的表现：遇事只求自己合适，很少考虑到他人和集体，对父母长辈没有礼貌、对同学没有热情、对班组集体漠不关心；成就需求低，没有远大的理想或目标，易满足，只求得过且过，平安无事；攻击性强，事事以我为中心，一言不合，即互相倾轧、谩骂甚至大打出手；认知需求缺乏，考试只求及格就好，学习只要课本学好就好，没有独立、创新的精神，人云亦云；

勤劳节俭表现差，穿的用的要求是名牌、新潮、互相攀比，全然不顾家中的经济状况；值日和大扫除是一件苦差，能逃则逃，能混则混；课堂、书包乱得一团糟；责任感差，事不关己，高高挂起，严于律人，宽于律己。这种种状况不能不引起我们的思考：这样的素质，能够担当起跨世纪的建设者和接班人的重任吗？很难想象，一个自私、没有责任感、没有爱心、没有创新知识的人会爱人民、爱祖国以至报效祖国。

因此，我们在教育过程中应当强化做人教育。强化做人教育，很重要的是教育的内容应贴近学生生活，由家庭扩到学校，继而扩展到社会。所以在学校德育工作中应对学生进行亲情教育、责任教育、挫折教育、协作教育和自制教育等。

### "学科德育渗透"是思想道德素质教育的基础

现代教育的重要标志就在于更加重视知识载体的作用，而任何知识、技能的传授又总是同一定的思想品德教育相联系。学科德育以知识为载体，体现了知识与道德、教学与教育、教书与育人的统一。因此，各门学科、各个领域都要渗透和贯穿德育，寓德育于各科教学和各项活动中。

初中阶段的德育目标是：使学生知道基本的道德规范和法律规范、社会主义理想和社会责任，培养热爱社会主义祖国、热爱中国共产党、热爱集体的思想感情，养成良好道德品质和遵纪守法的行为习惯、健康向上的良好心理品质。我们在明确目标的同时应以知识为载体，根据各学科的特点，有效地进行爱国主义等德育教育。

如语文学科应同热爱祖国的语言文字，同文字优美的爱国篇章的学习相结合；历史学科应以祖国五千年的文明发展史实为载体，尤其是通过近代落后挨打的史实，中国人民前赴后继反侵略斗争和无数仁人志士探索救国救民之路的事迹对学生进行爱国主义教育；地理学科应通过祖国的地理环境、辽阔的疆域、丰富的资源，社会主义建设的伟大成就进行热爱祖国的教育；数学、物理、化学、生物等学科应运用我国灿烂的科技文明史，我国历代科学家热爱祖国和创造发明的事迹，解放后我国在这些领域所取得的科技成就对学行进行爱国主义教育。所以说，学校德育以知识为载体，对学生进行教育，它具有巨大的说明力和感染力，能够给予学生深刻的影响，形成强大的内化力量。

**"人性化教育"是思想道德素质教育的主旋律**

德育是塑造人的活动，德育所应当塑造的人是社会实践，尤其是经济实践活动中所需要的人，所以当前的学校德育应当努力塑造具有社会主义市场经济精神的人。学校德育面对建立社会主义市场经济新体制的这样一种现实，就不能不进行相应的改革。

现在学生的社会接触及接受新事物的速度远比在校门内的教师要广、要快得多，因此，教师往往不能提前把握社会环境的发展与变化，当学生身上已反映出一定的思想问题时，教师才被动地去进行教育，这给学校德育工作带来极大的困难，使教师的说教显得软弱无力，针对性不强，更谈不上"及时"甚至"超出"了，造成对学生思想品德教育的滞后的局面。因此，我们在多元化的社会环境中，学校德育要坚定地进行人性化教育，并将其作为思想教育的主旋律，引导学生树立正确人生观，培养学生的"悟"性，使其认识到如何做人。

社会经济的发展使人们的价值取向呈现多元性，然而学校的德育必须坚持一元化的导向，使学生明白社会所容纳的并不都是时代所提倡的。价值的真谛在于无论是社会价值还是自我价值，都要通过自身劳动来实现。说到底，人的价值就是更多地为社会创造和奉献。

进行人生观教育，首先要让学生明白人活着为什么，怎样生活和做什么。在这个基础上结合学生的思想教育，从学生生活的最贴切处入手，诱发他们的生活理想，从而激发出强烈的职业理想，把社会理想，为祖国做贡献的理想教育落实到学生的职业理想上。理想是动力，也是激励，在理想的驱动下产生强烈的责任感和使命感，从而树立起正确的人生观、世界观。

总之，一个孩子的教育，是个综合、系统工程，需要学校、社会、家庭的配合。一个孩子的成长，如同一株幼苗，需要良好的土壤、阳光、雨露和优秀的园丁。为了我们有一个和谐的社会，我们要切记思想道德素质是最重要的素质，在学校教育工作中不应"重智轻德"，要"以人为本"进行人性化教育，培养"现代型"、"创造型"的跨世纪高素质人才，让学生在成长中"诚信做人、诚信做事、诚信学习、诚信生活"。

# 6. 当前学生的道德素质状况

当前学生的思想道德状况主流是好的，但也存在诸多负面的问题，主要表现在以下几个方面：

### 强调自我价值，忽视奉献精神

社会主义市场经济条件下，商品交换的原则是等价交换，价值规律在社会生活中发挥着巨大作用。表现在学生身上：一方面是尊重价值规律，注重实干，讲究效益，反对夸夸其谈，希望通过自己的勤奋努力，掌握更多的知识，增长更多的才干，全心全意为人民服务，为祖国多做贡献，在实践中证明自己的才干，在奉献中实现自己的价值；另一方面则是讲究平等交易，"奉献与索取等价"，不赞成"无私奉献"。有些学生甚至机械地把商品经济中的价值尺度同社会道德尺度等同起来，误认为只有获取实实在在的金钱、物质，才算是真正实现了自己的价值。明显表现出当代学生自我实现的意识增强，服从塑造的意识减弱。

### 讲求物质利益，忽视精神追求

发展社会主义市场经济的目的是促进生产力的发展，提高人民的物质文化生活水平，相应地必然带来社会消费水平的提高。这一方面使学生为祖国改革开放的成就深感欣慰，同时也感受到自我责任的重大，激起他们勤奋学习的热情；另一方面，由于市场经济重利原则的影响，淡化了当代大学生"勤俭节约，艰苦朴素"的传统道德观念，引起了他们对物质利益的盲目追求。不少学生在生活中缺乏艰苦奋斗的精神，时时盼享受，事事讲实惠，厌恶或拒绝参加集体活动，即使勉强参加也要讲究报酬如何，从过去的"言不及利"变为现在的"言必及利"。

### 强调主体意识，忽视团队精神

商品经济的发展、市场的开放繁荣和经营自主权的扩大使学生增强了自主、自立思想和参与管理的意识，他们相信自身实力，注重发展自我。这种主体意识虽有强调自我的倾向，但它的觉醒和增强从一定意义上讲是社会的一大进步，是走向成熟的表现。他们大多数能正视自我对社会的权利与义务，能正确处理个人与集体的关系。但由于过分强调自我，主体意识急剧膨胀，导致他们的全局观念淡漠，对集体利益、班级荣誉漠不关心，个体意识增强，群体意识减弱，团队协作精神下降。

### 注重竞争参与，忽视真才实学

在市场经济条件下，价值规律要求等价交换，优胜劣汰，因而竞争机制被引入了人们生活的各个方面，激发了人们的参与意识和竞争意识，身处象牙塔内的莘莘学子也不甘寂寞，跃跃欲试。一方面表现为敢于冲破传统束缚，敢想敢做，勇于进取；另一方面，一些学生则表现为不思进取，甘居平庸，"知足者常乐"；或者是放任自由，谈情说爱，追求时尚，贪图玩乐；有的甚至平时不学习，考试靠作弊。在评先选优，解决组织问题时，也托人说情，若不达目的，就故意找茬，告别人"黑状"，来个我"庸"你"平"。

### 强调个人奋斗，忽视社会责任

市场经济条件下的激烈竞争和优胜劣汰的现实，淡化了人们以往的有福同享、论资排辈、同情弱者的观念。许多大学生认为，在当代社会要取得竞争的胜利，求得生存和发展，必须靠自身的拼搏奋斗。他们不相信权贵而相信自己，不甘做好人，要争做能人。他们敢于毛遂自荐，推销自我，敢为天下先的意识逐步取代了以往害怕"枪打出头鸟"的传统心理。另一方面，也有些学生过分强调个人奋斗，把自己凌驾于他人和社会之上，把自我完善、自我实现和自我发展作为自己的奋斗目标，个人奋斗的精神十足，但缺乏社会主义的集体主义精神和当代大学生应有的社会责任感和历史使命感。

# 7. 学生加强道德修养的途径

学校要在课堂教学中树立坚定的马克思主义信念，"两课"教学是学生接受马列主义、毛泽东思想、邓小平理论和"三个代表"论述的主渠道、阵地。这些要进入学生的头脑，主要得力于教师的课堂讲授和实际的操练，灌输教育应当是最为主要和有效的方法。

### 网络教育中寻求高尚精神的支持

当代学生是渴求知识的一代，传统的教育方式已经不能满足学生的求知欲，以互联网教育为媒体的新的教育方式已为学生所青睐。然而，一些不良信息势必不利于学生接受和树立传统文化观念、正确的民族意识和爱国主义思想，使学生的是非观念模糊，道德意识下降。我们必须借助互联网，占领这一教学媒体，加强正面引导，大力宣传我们的主导价值观。因此，一方面，高校应发挥在伦理学、思想政治学教育的优势，加紧建设和开发国内重点的新闻网络和思想道德教育网站，正确引导，阻止不良信息的诱导，占领学生的网络教育阵地；另一方面，学生也要克服不健康网站的诱惑，主动接受健康的网络文化的教育。

### 校园文化活动中形成团队精神

校园文化是校园以学生为主要载体的文化类型。它反映学生的精神环境和文化氛围，一般分为寝室文化、社团文化、班级文化和人际文化等。当代学生参与感极强，以校园文化为突破口，发挥思想道德教育的核心作用，有利于培养学生积极向上的团队精神。

高校作为新思想、新观念、新知识的发祥地，校园文化会对传统文化带来冲击，对学文化产生积极的导向。特别是作为校园文化的核心和灵魂的校园的团队精神，更能成为激发学生奋发上进的精神力量。以校园文化为突破口，要从学生最基本的行为规范加以引导。就是要从学生吃穿住行中培养良好的行为习惯，克服那种"小事不愿做，大事做不了"的不良心理和习惯，激发大学生的使命感、责任感，增强学生的主人翁意识，形成正确的世界观、人生观和价值观。

### 利益关系的处理中树立义利观

学生一定要善于把整个社会的需要和个人的需要联系起来，从而激发出强烈的社会责任感，焕发出一种为振兴中华而积极学习的巨大力量。当然，我们要特别重视把思想道德教育同大学生关心的实际问题结合起来，正确对待大学生的物质利益需要，凡是正当的要求和合理的需要，学校要尽量满足，不能满足的，要做出解释。

学生的利益可分为物质利益和精神利益。学生要正确理解他们的内在联系及辩证关系，并在实际生活中加以践行。一方面，学生通过思想道德教育，要扩大眼界，更多地考虑他人、集体乃至民族、国家的利益；另一方面，学生又要把对物质利益的追求，逐步提高、扩大为对教育、文化、道德、理想等精神利益的追求。只有二者兼顾，大学生正确的义利观才能真正形成。

### 社会实践活动中提高践行能力

学生对马克思主义理论的学习不能只停留在认识的起点上，只有将内心的认识外化为社会实践活动，做到知与行的统一，学生的思想道德素质才能有最终的归宿。参加社会实践活动，是践行思想道德素质的突破口。学生要积极参加各种类型的社会实践，如社会调查、社区援助、勤工助学、志愿劳动等。社会实践活动，可使学生进一步认识和理解社会，加深理解所学的思想道德理论知识，逐步摆正个人与社会、个人与人民的关系，克服骄傲自满和自视优越的心理定势，逐步把自己的命运同祖国的富强、人民的幸福和民族的振兴联系起来。

### 自我教育中提高道德素质

自我是人格心理结构中的核心成分。在一个人成长过程中，青年期是自我发展与完善的时期。高校的特定环境会使学生的自我概念带有不同于一般青年的特点，因此学生的自我教育很重要。在现实生活中，有些学生知识虽然增多，但对自己的了解还不够，他们不清楚自己的责任与义务，不知道自己有何特长，这样的人不是全面发展的人。一个人的健康成长，既需要社会、家庭等多方面的参与，更重要是把教育和自我教育结合起来。苏联教育家苏霍姆林斯基认为，"教育人不能总是牵着他的手走路，要让他独立行走，使他对自己负责，形成自己的生活态度，要让学生陶冶自己的情感，训练自己的思想和意志，形成和稳定自己的性格"。

学生要培养自我约束和自我克制的能力，这种能力不强，容易

23

表现出行为的双重性，在公开场合遵纪守法，可背地里却干坏事。一个人形成了道德信念，就意味着他对某种道德规范和道德理想产生了真诚的信仰，在执行道德规范和实现道德理想中有高度的自觉性，有强烈的责任感。

# 8. 完善学生道德素质教育方法

在学生道德素质教育中教师承担着重要的责任，教师是道德素质教育中最重要的"身教"者、组织者和引导者。实施学生道德素质教育方法的途径可以从 3 个层次着手，即学校、班级和个人。

### 优良校风的指引

优良校风由 5 个重要组成部分构成：高度的政治空气，高度的学术空气，高度的生产劳动空气，社会主义团结与文明空气，高度的文娱体育空气。老师是校风构建中最活跃的因素，对学生构成举足轻重的影响，正如苏霍姆林斯基所阐述的"只有当每个少年从教育者那儿得到'活水'，他们的才干才能发挥出来。没有'活水'，素质就枯竭、衰退。智慧培养出智慧，良心培养出良心，有效地为祖国服务培养出对祖国的忠诚"。

校园文化是校风的直接体现，是学校老师在开展道德素质教育始终要把握住的。"文化的概念之大而模糊，范围之广而无涯，非勇者不敢言，非深思博学者不敢论"。全体老师要清醒认识到校园文化的底色是青春文化，是"文化"在校园的存在形态，其分为物质层面和精神层面，要将二者有机结合，搞好道德素质教育。

### 重视班风建设

班级，也称班集体，是按照教学活动有效开展的要求和规则设置的有一定人数规模的学生集合体。它是学校内组织的基本形式，是学生成长的重要人文环境。教育方法不是由整个集体直接转向个人，而是通过为了教育目的而特别组织起来的基层集体媒介转向个人的，以后的事实也证明是这样的。

良好的班风能为学生营造出一个良好的生活、学习空间，形成团结和谐的氛围，有利于学生共同进步；不好的班风会伤害学生的集体主义情感，失去与同学交往沟通的热情，不利于学生的全面发展。班级中良好的班风不会自发形成，良好班风的形成是一个长期复杂的过程，需要教师付出大量艰苦的劳动，是师生共创的结果。在这个过程中，教师要讲求工作的艺术，要培养出学生干部骨干，树立起先进典型，搞好文体活动，其自身也要起到人格上的表率作用等等。

### 学生道德素质教育

对学生个体的道德素质教育是一个难以解读的命题，因为每一个学生作为个体存在的时候，都像自然界中的树叶一样，粗线条上有着许多相似之处，但是仔细辨别起来，没有完全相同的树叶，学生个体亦然。

道德准则，只有当它们被学生自己追求、获得和亲身体验过的时候，只有当它们变成学生独立的个人信念的时候，才能真正成为学生的精神财富。然而道德准则要怎样才会被学生自己追求，形成学生的德育素质？

（1）哲学角度

从哲学角度出发，注重学生的道德体验。体验作为道德教育的主体，不仅具有合法性，而且具有自足性和融洽性，其合法性和融洽性植根于现实生活的深厚基础之中，也经受得起道德教育哲学的追问。体验是道德教育的本体，道德体验是有魅力的道德教育，道德体验就是回归道德教育真谛的教育。

（2）以人为本

转变学生作为德育教育客体的角色，使之成为道德素质教育的

25

主体。以人为本是对人性最大的尊重，是对"人之为人"的自身价值高度认知的结果。道德素质教育的目的是要使每一个学生都拥有崇高的生活目的，而不是为了受教育而受教育。道德教育成功的"秘诀"在于，当一个人还在少年时代的时候，就应该在宏伟的社会生活背景上给他展示整个世界、个人生活的前景。

（3）倾注情感

要对弱势学生倾注更多的情感。弱势学生心理、生理或境遇上的不幸，使他们更需要教师乃至整个社会给予他们更多的关爱。社会对待弱势群体的态度是社会文明水平的一个重要体现，教师对待弱势学生的态度是教师大爱之心的一个显著标尺，爱每一个学生，更爱家庭贫困生，成绩后进生，"其貌不扬"生，因为他们的心灵上空更需要艳阳的朗照。

总之，教师对于大学生道德素质健康培育起着举足轻重的作用，因此教师应具有高尚的社会主义道德，高度的工作热情，积极的工作态度，将成长中的学生当作亲人，操持"晓之以理、动之以情"的方针，完成好教师的高度责任。

# 9. 全面提高学生道德教育的步骤

在长期以来重智轻德的人才观、文化产品审美错位等因素的影响下，部分未成年人的道德状况令人担忧。教育者要改革评价制度，加强心理健康教育，释放学生道德情感，全面提高学生道德素质。

**对学生实施"挫折教育"**

中医儿科典籍中有这样的记载：婴儿呱呱落地，煮黄连水开食。黄连，《本草纲目》谓性寒味苦，善泻胎火消百毒。在现实生活中，类似为孩子开食而服用"黄连水"的事已鲜有所闻。在蜜糖中泡大的"小皇帝"们，由于缺钙而徒然拔长，花朵看似水灵灵嫩生生，其实不堪一阵风雨。对此，也许有人会生出"一代不如一代"的感叹，其实不然。众所周知，在当今优生优育的环境中，青少年学生的基础素质和智力水平远远强于上一代，他们之所以如此"弱不禁风"，主要是由于社会、学校和家庭忽视了对青少年的挫折教育。因此，对他们从小多注入一些"黄连水"，进行适当的挫折教育实在很有必要。

### 让学生沐浴"爱心教育"

世上没有哪个教师会认为自己不爱学生，但许多教师也许并没有认识到，如果不尊重学生成长的基本规律，教师的爱也会成为一种伤害。譬如不少教师听说学围棋可以开发智力，于是就让学生去围棋培训班；学英语将来会大有用场，于是让学生去英语兴趣班，而不问学生自己是否愿意。

不可否认，一些培训班、兴趣班，为一些学生提供了一定的活动和发展空间，但大多却是不顾学生的个性特征，不顾学生的意愿进行教学，其结果无疑伤害了学生。我们不妨仔细想想，这样做是不是倾向于用同一个标准来要求所有的学生？是不是倾向于用同一种模式教育所有的学生？在当今这个个性张扬、呼唤创新的时代，我们的学校教育是否应该给学生的个性发展提供更广阔的空间？当然，对教师和学生而言，他们都面临着非常现实的竞争压力，教师的许多做法都是出于对学生的关爱，而其结果有时往往适得其反。

### 让学生在活动中幸福成长

校园是学生成长的摇篮，也是德育落实的主阵地。根据多元智能理论，制定了相应的活动，如语言智能方面，安排小作家、小小播音员、故事大王、词语超市等活动；数理智能方面，安排口算冠军、趣味数学、数学奥林匹克等活动；音乐智能方面，安排小乐手、小歌手、小舞蹈家等活动。我们在安排活动内容时，还根据不同年龄段学生的特点和德育教育重点把活动内容有序地安排在一个学期的不同月份，每个月份又将不同内容安排到每个星期，这样就形成了一个活动体系。

### 加强心理健康教育

当今的学生，在个性心理品质上，普遍存在不善于协调人际关系，不善于克服学习焦虑，缺乏经受挫折的意志力和克服自己欲望的自制力，环境适应能力不强，无法消除心理紧张和障碍等问题。这些问题并非都属政治、思想、道德的范畴，而是缺乏良好的心理品质的表现。因此，单一的德育模式无法解决这些问题，而要把思想教育与心理健康教育结合起来，在德育中用心理教育的方式去解决学生的知、情、意、行，帮助学生形成正确的认识和健康的心理品质。学生的心理品质和认识水平提高了，就会主动地寻求正确的处事方法，拥有一个健康的心态。

总之，提高学生道德素质，要深入了解、研究学生，树立以学生为本、以发展为本的观念，重视学生发展的过程教育，促使他们养成良好的行为习惯。

# 10. 学校德育目标素质化的教育措施

在以往的德育工作中曾经存在要求太高、内容太空、方法太死等弊病，尤其是做表面工作，搞形式主义，以一阵风运动式的教育代替深入细致的工作，因而收效不大。为了克服以往德育工作的弊端，学校"在改进德育工作的过程中，出现了德育目标素质化的趋势"。

怎样理解思想道德素质化？这要从剖析"素质"内涵谈起。在素质教育的研究中，人们对人的素质给予广义的界定："素质是人在先天条件下，通过后天的教育训练和环境影响形成的比较稳固的，且在比较长时间内起作用的基本品质。"我们必须特别注意到"素质"内涵中"稳固的""在长时间内起作用"的要求。基于这个认识，我们认为，如果学生的品行呈现表面性、被动性和不稳定性的特点，那么所反映的品德就不能说已成为该生的素质，也就是说其品德尚未素质化。只有学生能经得起时间的考验，顶得住环境变化的影响，抵抗得了不良干扰和诱惑，始终能保持其良好的品行，才能说明他具有良好的品德素质，也就是说达到"品德素质化"的程度。

素质的特征源于素质的内在属性。内在性，这是人的素质所具有的最基本的特征，它表现为人的品质的深层底蕴，因而决定素质的形成必然是个内化的过程。内化，就是把外部的东西转化为内部的东西，客体的东西转化为主体的东西。比如道德准则是外部的东西，以此教育影响学生，如果学生真正认同这些准则，并且成为自觉的要求，坚定地以此规范自己的行为，那就可以说是变成了个体内部的东西，实现了道德内化。

所以道德内化是思想品德素质化的基本要求。德育工作者要从事对学生思想品德素质教育，就必须研究道德内化的规律，探索道德内化的方法和途径。

**道德信念的形成是道德内化的核心**

通常我们按四分法来揭示品德的结构，即"知、情、意、行"。"行"是外显的，"知、情、意"是内在的。在以往的德育工作中，较多地注重于认知向度和行为向度，把道德行为直接归因于道德认识，这显然是不够的。举个简单例子，学生都知道禁止吸烟，可有的学生明知故犯，或者经教育不吸烟了，过一阵子又吸了。这说明一个很重要的道理：对道德准则的认识不一定会直接导致"自觉的、

29

稳定的、一贯性的"道德行为。可见，如果忽略了"知、情、意"这一内在中介系统区，那就是忽略了品德结构的重要核心部分，这核心恰恰是道德内化的根本所在。

在研究"知、情、意"系统时，引入一个综合性的心理概念：道德信念。所谓道德信念，"它不是单一的某种心理成分，而是深刻的道德认识、强烈的道德情感和顽强的道德意志的有机统一。""道德信念是道德动机的高级形式，是推动人产生道德行为的内在动力，并使人们的道德行为具有坚定性和一贯性。"

道德内化就是促使道德信念的形成，当道德准则作为一种外部信息向学生输入时，学生的认知必须经历不同层次的发展："知道"层次：懂得应该怎样做。"理解"层次：明白为什么应当这样的道理。"认同"层次：由被动、外制式转为自觉性，化为自觉要求。在道德认识的基础上，人在多种因素作用下经过反复的心理体验，不断地丰富道德情感，良性的心理体验会激发人的内在需要层次的升华，发展成精神上的道德需要，产生对道德的追求，而道德需要实现的满足又反过来强化良性的心理体验。随着道德需要的升华和道德情感的增浓，人对于非道德因素的干扰的"抵抗力"和"免疫力"不断增强，具备了顽强的道德意志。综合上述各种心理成分，也就是深刻的道德认识、浓烈的道德情感和顽强的道德意志，形成了坚定的道德信念，外部的道德准则实现了内化。

由于道德内化是由外到内的过程，因此研究道德内化的途径和方法就必须从优化外部作用的条件和激励自身内部因素入手。

**优化外部条件促使道德内化**

（1）情动条件

情动条件：动之以情，是教育的先导。情是开启学生信息接收系统大门的钥匙。以情激情，是激发道德情感的好办法。教师对学生的爱，就是最好的情感教育，教师富有情感的教导或演讲，必然

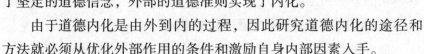

使学生的情绪受到感染。优秀作品，动人的故事情节都能使学生受到情感的熏陶。

（2）理喻条件

理喻条件：晓之以理，让学生能真正领悟道德准则及其执行意义。教师要讲究说理的艺术，以理服人，"心服"就是"理"的内化，采用强制性的压服是不好的，甚至产生逆反心理，更谈不上内化。在学科教学中渗透德育，"文以载道"，寓理于学科教学之中，于无形中潜移默化。

（3）榜样条件

榜样条件：榜样在促使道德内化方面的力量是无穷的，古今中外人类优秀分子身上都闪耀着美德的光辉，他们人格的魅力对学生的精神必然产生巨大的震撼。学生周围的好人好事都能构成学习的榜样。

（4）环境氛围条件

环境氛围条件：除了主要环境外，要善于营造浓烈的情感氛围。例如升旗仪式，对场地、设施、队列、服装、鼓号乐、歌声、演讲等因素进行综合设计，构建庄严且富有爱国情感的氛围，就可收到较好的效果。

（5）制约条件

制约条件：我们强调以正面教育为主，坚持疏导方针，但丝毫也不能忽视制约机制的重要性。法制教育、规章制度的管理从另一侧面强化对道德行为意义的认识，对道德内化起了辅助作用。

（6）评价条件

评价条件：对学生行为予以评价，既可加深道德认识，增进道德情感，同时又是一种导向和激励，其作用不可低估。评价不仅来自教师，也来自学生接触的各个方面。我们应当重视集体舆论的教育作用，应注意发现学生身上的闪光点，多予表扬、鼓励。

### 自我教育是道德内化的关键

由于道德内化是学生主体内部的心理过程，因而发挥学生主体能动作用是道德内化的关键。我们仍以"知、情、意"系统和道德信念形成过程为线索，探索自我教育的形式，研究教师调动学生主体作用所应发挥的主导作用。

（1）发挥学生在道德认知中的主体作用

道德认识是自我教育的基础，也是自我教育的起点。对道德准则不单纯是理解掌握，还必须上升到"认同"的层次。为此，采取"外铄式"的灌输往往是不够的。教师必须想办法，促使学生去分析，比较道德行为和非道德行为的截然相反的后果，同时引导学生去领会执行道德准则是社会需要与个人需要的统一，必要时甚至可以让学生去经历直接或间接的心理体验，这样才能使学生真正从心底里、从情感上达到对道德准则的认同。

（2）"自省"是自我教育的重要形式

自省是经历自我评价、归因分析、自我强化的内在心理活动过程。自我评价：以道德行为准则来衡量自己的言行，判断是非、善恶、美丑。对好的自我肯定，错的自我否定。归因分析：找出产生行为的动因，总结经验教训。自我强化：肯定自己的道德行为时，增进了自己的道德情感，增强道德信念；反省自己非道德行为时，引起自疚的心理体验，对道德准则有了新的认识，痛下决心，改正错误。

教师在教育过程中应给学生留有"自省"的机会，也可以设计一定的形式对学生的"自省"给予引导。

（3）自制是自我教育的高级心理活动

自制力是道德意志的重要品质，它是产生行为过程中的自我调控，控制自己的需求、欲望、动机、情感、情绪，控制自己不受干扰，保持不偏离原来的决定，因而自制可以起到避免自身产生错误行为的作用。从这个意义上看，自制是比自省更为高级的心理活动。

从控制论的观点看，自制是外部控制信息，是各种道德准则经内化而成为自身内部系统的控制信息，即坚定的道德信念，发挥导向、调控、维持的作用。而自省可以看成是一种特殊的信息反馈和重新调控，为以后的行为输入或强化新的信息。所以自省和自控是主体系统自我控制在不同阶段的两个方面，它们相互联系，循环交替进行。不断地增强学生的道德信念，就能不断地强化控制信息，不断地增强自制力。强化控制信息还可以采取外界提示法，比如设座右铭、挂"制怒"牌、在公共场合设警戒标语，例如禁止吸烟、在校园里《守则》《规范》上墙等。

从自制的内容看，对"需要"的控制是最为根本的。心理学研究表明，在人的心理结构中，需要处于核心、主导的地位。需要，是人的社会行为的主要归因，因此有人主张"道德行为归因于道德需要"。学生能否控制自己的行为，从实质上来说就是能否控制自己的需要。所以培养学生的自我调控能力，就要认真地研究教育对象的需要，支持和尽可能满足他们合理的需要，转化他们不合理的需要，帮助他们正确处理个人与他人的利益关系、个人与集体关系、处理好权利和义务、奉献和索取的关系，最终实现个人需要与社会需要的统一、物质需要与精神需要的统一。

## 交往和实践的磨炼与道德素质

主体素质的形成是内部因素和外部条件相互作用的结果，而"内外相互作用的中介即是主体在生活中所参与的各种各样的活动"。这就是说，素质的形成具有主体性和实践性的特点。

道德准则是对人与人、人与社会、人与环境关系的规范，所以道德品质只有在人际交往中，在社会实践活动中才能得到体现，学生的人际交往和社会实践是实现"知、情、意、行"统一的必经途径。

学生主动参与交往和社会实践时，由于交往的对象、实践的内容和环境不可能纯化，因而学生必然会受到正面的或反面的影响，对这一点我们必须有足够的估计和准备。

首先，应当教育学生注意择友，尽量避免到不良的环境去活动。学校应鼓励学生社团活动，开设活动课，有计划地组织社会实践。同时应重视班级集体的建设，创造良好的交往群体和环境条件。

其次，密切关注学生群体的动向。家庭、社会、学校密切配合关心学生活动情况，发现不良的苗头就及时作出针对性的帮助和引导，防患于未然，以辩证的观点看待学生的交往和实践活动。

所以，让学生在复杂的环境中去锻炼，在纷繁的生活和实践中去接受考验，在成功与挫折中去经受磨炼，才能使他们真正增强抵抗力和免疫力，才能使学生内在的、稳定的思想道德素质真正形成。

# *11.* 如何加强学生道德素质教育

思想道德素质教育，实质就是塑造学生科学的世界观和人生观，是身心的教育。如何增强学生的思想道德素质，这是现时代赋予的一个新的课题。近年职业院校按照党中央、国务院关于加强素质教育的精神，从培养跨世纪人才的高度重视加强学生的道德素质教育工作，在实际工作中不断探索素质教育的新方法，使素质教育取得了显著效果。

## 发挥政治理论课的主渠道作用

帮助学生深刻理解马列主义、毛泽东思想、邓小平理论和"三个代表"的科学体系，掌握马克思主义的立场、观点和方法，切实提高学生的思想觉悟和认识水平。教师要学会施以正确引导，利用重大纪念日，开展以"爱国主义、集体主义和社会主义"为主要内容的教育活动，结合中国特色，使学生了解国情，建立起社会主义荣辱观，切实增强历史使命感和社会责任感，教育和引导学生树立正确的世界观、人生观和价值观。

教会学生学会做人，这是社会最起码的要求，也是学校培养人、教育人的一项中心内容。因为社会需要的是为大众谋福利的人才，品德高尚、无私大度的人才能被社会认可。要教学生自尊自爱。自爱是做人的基础，没有自爱，就不知道如何做人。要教学生诚实守信。诚信对国家、企业、特别是培养人教育人的学校，都是一个新课题。人无"信"不立，企业无"信"不兴。结合英雄人物的光辉事迹，培养学生爱岗竞业、无私奉献精神。

### 加强市场经济体制形式教育

要帮助学生正确分析当前国家加快经济结构调整和社会的用人形式，了解社会主义初级阶段经济社会发展的规律特点，了解市场经济条件下的就业方针、用人制度、就业形式。增强职业竞争意识、创业意识和敬业意识，增强时代感、紧迫感和社会责任感，促进学生转变就业观念，提高谋职应聘能力。

让学生认识到随着我国经济的突飞猛进快速发展，社会需要大量有技能的高素质劳动者，认清当前我国对技术人才的需求的迫切性及高素质技术工人在企业中的重要性。正确认识职业学校办学的宗旨是为国家培养高素质的高技能人才。但随着社会的发展，人才竞争会越来越激烈。没有知识、没有技能、没有素质，今后就很难适应社会的发展，将被社会淘汰。邓小平同志曾指出："学生把坚定正确的政治方向放在第一位，不仅不排斥科学文化，相反政治觉悟越是高，为革命学习科学文化就应越加自觉，越加刻苦。"通过这些教育，使学生认识到自身价值，从而去掉学习的盲目性，明确学习目的，增强学习的自觉性，充分发挥出学生的学习潜能和主观能动性。让他们学有所长，志有所展，把自己置身于市场经济的大潮中，海阔凭鱼跃，天高任鸟飞，做一名社会主义建设的栋梁之才。

**加强学校管理**

培养高技能人才，办让人民满意的职业教育，就必须加强学校管理，这是确保提高办学水平和教育质量的重要方面。

（1）要以人为本

注重学生的主体发展，激发学生的创新精神，使之在自主管理、自主实践中，达到自我锻炼、自我教育的目的。在学生干部采取自主竞选、任期轮换的基础上，让学生把自己的行为置于学校和班级同学的监督之下，使学生在各种活动中认识自我，在管理中调节自我，在学习生活中完善自我，养成善于宽容、谦和地对待他人的习惯；和谐的对待自然和社会的人格素养，形成友爱诚信、和谐奋进的良好素质，发挥班级干部的作用，建设和谐班集体，促进学生全面发展。

（2）要实行专职班主任制度

这样可对学生一天的活动进行全方位的了解，掌握每个学生的思想、学习、生活，从而及时发现各种问题，及时对学生进行教育纠正。我校通过实施这一政策，使学生的管理工作大大加强，违规的人数大大减少，学习积极性也调动起来了。教师作为人类灵魂的工程师，对学生的帮教负有不可推卸的责任。

班主任帮教工作要从爱心做起，教师必须用真挚的情感去热爱、尊重、信任每个学生，只有把学生当作自己的孩子来关爱，让他们真心的体会到师爱如同父爱，学校如同家庭，他们就会把你当成亲人，对你敞开心扉。因为中职生大部分是 *17* 岁左右的孩子，抽象思维和世界观都不太成熟，在做思想工作过程中要注意工作方法，过多的表扬易使他们造成骄傲，忽视自己缺点的倾向，过多的批评又容易产生逆反心理。这就需要班主任因势利导、区别对待，做细致的思想工作，以达到预期效果。

### 建设良好师德的教师队伍

（1）要提高教师队伍的素质

一个合格的教师，不但要有丰富的知识，更要有高尚的情操。加强班主任队伍的建设尤为重要。班主任是班级工作的领导者，是做好学生教育与管理工作的关键人物。"子不学，师只惰"、"正人先正己"、"身教胜于言教"，都阐明了这个道理。高尚的师德就是一部最好的教科书，对学生的影响是潜移默化的。

班主任不但要有较高水平的教育理论素质和政治思想理论素养，还要掌握教育学、心理学、公共关系学等知识，才能得心应手的传授知识。班主任要注意学生的思想动态，耐心做思想工作，视学生如子，阐明做人的道理，才能培养出适应社会需求的高素质、高技能人才。

（2）建立激励机制

实行教育奖励基金制度，对在教育工作中做出突出贡献的教师给予奖励。鼓励抓教育科研，积极开展学术交流，提高教育科研工作水平，培养高素质的优秀教师。

### 要建立人文教育的大环境

建立一个人文教育的大环境，这是德育教育的不可忽视的重要环节。它是一种在学校自身发展过程中逐渐形成、不断进化并积极作用于全体师生思想和行为的群体文化形态，涵盖了学校长期形成的校园风格、优良传统、科教文化观念，以及集中反映学校特点的校风、学风和精神风貌等，是一所学校育人素质的综合体现。良好的校风是新生入校后的第一节影响至深的重要课程。要利用人文优势，注重文化氛围对学生熏陶，进行爱国主义教育和革命传统教育。学生置身在这个大环境中，可以达到润物细无声的思想工作效果。

近年来，职业院校坚持内提素质、外树形象，在以就业为导向、明确职业教育学校办学方向的同时，坚持把对学生的思想道德素质教育作为一项重要工作发展，使学生的综合素质不断提高，在社会上树立了学校的良好形象，毕业的学生受到了用人单位的普遍欢迎。现在整个社会对职业教育的认可程度越来越高，从而在教育市场的竞争中，赢得了职业学校生存与发展的基点，为学生就业和学校发展开拓更为广阔的前景。

# 12．学生的道德素质教育训练

人的道德素质是一个多层次和综合性的历史范畴，它是构成一个人的基本要素和质量规格的整体标志；也是一个人的品德、智能和才干等整体效应得以发挥的内在根源。因此，把"提高全民族的素质和德育培养"作为基础教育的根本任务，深刻地反映了社会主义现代化建设对基础教育的客观要求，抓住了教育与发展的根本。根统计，在全国范围内，未成年人刑事犯罪，占整个刑事犯罪案件总数的20%，且有逐年上升趋势；现有中小学生中，34%的有心理障碍，12.5%的有心理缺陷，28.1%的有心理异常。面对如此触目惊心的数据，笔者认为，加强学生道德素质教育与训练势在必行。

道德素质需要从小加以训练，因为，"一切存在着的东西的本性都是在娇弱的时候容易屈服，容易形成，但是到了长硬以后，就不容易加以改变了。"因此，教师，尤其是父母在对孩子的教育中，对于德行的关注应多于其他方面。如果只重视他们的智力、体力的发展，只关注他们的饮食和服饰，而忽视对他们进行道德素质训练，这便尤如一些人把鞋子看得比脚还贵重一样。

### 学会节制和俭朴

在物质生活方面，应把节制和俭朴列为首位，因为二者是健康和生活的基础。节制属于意志的范畴，节制和纵欲是互为对立的，节制是适度适量，纵欲是没有度和量的限制，而在生活中的贪欲和贪欲的一切不良习性，乃至罪恶行为，大都起因于纵欲与奢侈。因此，饮食、睡眠必须从幼儿期开始定时定量。饮食宜在营养供给够量的情况下，清淡。衣着应朴实、自然、大方、整洁、美观，因为过多的油脂香料与甜味，以及时髦服饰，不仅会影响学生体格的健康发育，同时还是奢华生活的诱饵，不便于学生良好的品格养成。

**学会坚忍**

所谓坚忍，是指要完成一件事情具备的善始善终的坚持。这坚持的具体过程，就是为完成事情所赋予的忍耐性。它是一种能力。学生无论是在学校生活中，还是在家庭生活中，都应该抑制急躁、不满足和愤怒的情绪，也就是应当使学生习惯于用理智去做一切事情，不要受冲动的瞎指挥。在做事之前，应当仔细想想，每种行为应该怎样去做，拟出具体步骤顺序，考虑好这样做要达到什么样的目的。用正确的思想指导，正确的行为才得以产生，最终产生结果，这才能使他们成为自己行动的主人。

**学会诚实**

美国夸美纽斯曾指出："儿童所说的一切都应按照所想的那样，是，就说是；非，就说非。他们没有任何理由撒谎。"而我们生活中常常有这样的情形，本来是自己的孩子做了错事，而有些家长却出于错误的想法，认为当面让孩子正视错误，承认错误，会给孩子带来不利，反而教他们的孩子把这种羞耻转嫁他人。这样，实际上就是在教孩子说谎，这是教育孩子健康成长的一大失误。我认为，学生就其本性来说是不会说谎的，这种恶习或者是来自成人，或者是为了逃避最严厉的惩罚。因此，当学生第一次说谎时，老师、父母应严肃对待，否则它将成为严重恶行的种子。

### 学会服务

夸美纽斯认为："敏于而乐于为别人服务的态度，应当尽心地在孩子们身上培植起来。"今天，给学生们灌输热爱他人、热爱集体、热爱祖国的思想，培养学生乐于助人的行为尤为重要。而我们更应当让学生明白，社会的前进和发展正是由于每个人的努力工作和彼此互助，这才让社会赖以积累更多的物质文明成果和精神文明成果。同时还应当让孩子明白个人的工作融汇于社会中，为社会创造价值的同时，也为自身的发展创造了价值。个人和社会的关系就如大厦和砖瓦的关系一样。如果，人人都为自己，不但社会难以发展，人类自身也将灭亡。

### 树立行为范例

学生和猿猴一样地很会模仿，他们所见的一切，不管是好是坏，他们总喜欢模仿。而模仿要有榜样，所谓"榜样"，我的看法是活的榜样和书本上取来的榜样都在内。事实上活的榜样更加重要，因为他们所产生的印象更加强烈。学校里，老师是他们最崇拜的人，首当其冲地是他们模仿的对象，家庭中，父母的言行，也是他们潜移默化学习的榜样，所以，老师、家长一定要规范自己的言行，充当好学生模仿的范例。同时，我们要经常给学生树立正面和反面的人物、事例，让学生从中明辨是非，指导自己的言行。由此可见，榜样的力量对学生来说是很大的。抓住整个社会、学校、家庭都刻意引导孩子去学习好的榜样，那么就很自然地无需多用唇舌去教育或以打骂去强制学生学好了。

### 适时教导与锻炼

当我们发现范例对学生的教育效果不够充分，或者当他们虽然愿意按好的榜样去做，但做得不适当时，用话来教导他们，点拨他们、启发他们的主动思维，使他们有所触动进而产生共鸣，便是必要而适时的。同时还可以命令他们，要求他们按照这种或那种方法来立世待人，其目的在于使模仿得到补充和强化。

### 适时规定的训练

要使学生注意好的榜样和训诫，有时是需要惩罚的。当一个学生犯了错误时，他应当受到斥责。但是，这不是说明威吓来打击他，而是要使他有所畏惧，辩明错误将导致什么样的后果，自己有所反省。如果你在训诫之后，立刻或稍等一会儿，对他们的优点加以称赞，那将大有好处的。许多有益的结果正是来自聪智的表扬或责备。假如，第一步训诫无效的话，可适当使用惩罚的手段，有目的感动，使这个学生自知反省，并使他更加注意。当然，使用惩罚时，应当避免带个人情绪，应当以诚恳的态度，使学生心服口服。

# 13. 荣辱观对学生道德教育的作用

培养学生道德素质，是社会发展的需要。素质教育就是要以德育为核心，以培养学生的创新精神和实践能力为重点，通过社会主义荣辱观教育让学生"学会做人"；培养学生的道德素质，也是学生自我发展的需要。必须注重对学生道德素质的培养，让学生获得一种基本的观念、方法和能力，使其在今后的学生生活中能够去运用和适应。

### 荣辱观与道德教育

社会主义荣辱观，体现出新时期在科学发展观的指导下，把法治与德治有机结合起来；同时对中学生树立良好的世界观、人生观、价值观也具有深远的现实意义，对在中学生中弘扬民族精神有重要作用。传统文化是中华民族的精神财富，"天下兴亡，匹夫有责"体现了炎黄子孙对国家、对民族的一片深情；"先天下之忧而忧，后天下之乐而乐"是超越功利的价值观;"己所不欲,勿施于人"是加强自我修养、建立和谐人际关系的体现。

当今社会中,应该树立被大众认可并接受的价值观,如诚信、合作、公正等等。如果一个人的头脑中没有基本的荣辱观念,那么背信弃义、坑蒙拐骗、见利忘义、违法乱纪,甚至出卖国家和人民利益的事情就可能做得出来。所以,引导青少年树立社会主义荣辱观是当务之急。只有明确了是非、善恶、美丑与荣辱,才能把青少年培养成具有崇高追求的社会主义新公民。

近年来,在同学们中间出现的一些新的思想品德方面的问题,厌恶劳动,在家里过着饭来张口、衣来伸手的日子;有的是因为没有养成良好的生活习惯,有的则是因为身处价值多元的时代,一些同学难免产生糊涂认识。这些问题如果不解决,就很有可能会对同学们将来的人生之路带来不良影响。

### 培养学生道德素质

现代发展性教育理念下,中学生良好道德素质的培养,必须做到使学生:树立一个信念、增强两个意识、培养四种精神、学会五个关心。

对国家树立"爱党爱祖国爱社会主义"的信念是培养学生良好道德素质的首要前提。学生应该是爱党爱祖国,对社会主义有高度责任感,有高尚的道德品质。那么,怎样才使学生树立这样的信念呢?

(1) 正确教育使学生感知

积极引导,正确教育使学生感知。当代学生处于改革开放年代,中西方经济文化的交流,网络信息带来了各种思潮和观念,对中国近代、现代,特别是中国传统引导中国人民探索奋斗史了解不多,对改革开放后中国的巨变了解有限。因此,坚持利用各种渠道,布置学生阅读有关近代、现代史内容方面的书籍或伟人传记,利用班会进行读书交流，更多地了解祖国，从而确立起正确的信念。

（2）在实践中正确树立观念

注重实践，让学生在实践活动中树立正确的世界观、人生观、价值观，坚定对党的信念和对社会主义的信念。利用研究性学习开展活动的机会，布置学生利用假期，了解家乡的变化，真实地感受今天的中国是成千上万的仁人志士求索奋斗的结果。通过树立身边的优秀学生的典型及典型事迹展览让学生树立远大的理想，坚定的信念，努力使自己成才成人，即一个爱党爱祖国、爱社会主义的德智体美劳全面发展的建设者。

在诚实守信的规范要求下，开设各种活动，增强学生的竞争意识与合作意识，让学生学会"竞争与合作"，这是培养学生道德素质的关键。

对待他人的态度，是一个人的政治思想道德素质及心理素质在社会生活和学习中的具体体现，其核心就是如何懂得正确认识他人。现代社会充满竞争，随着社会的进一步发展，学会与他人交往相处的能力则是更重要。而诚实守信、具有竞争意识、合作意识是基本要素。

我们要充分地看到：未来的社会，人们的交往越来越密切，打破了原有的地区国家格局，全球正在走向一体化。但与此同时，人与人之间的关系受到了空前的张扬，不可避免，在利益的驱动下，竞争将会更加激烈。在无情的竞争面前，要勇于接受善于挑战，既要正确地认识自己，也必须正确地认识他人，既要公正善良、正直友爱、是非分明，也应有较强的与人交往的能力，具备竞争和合作的能力。而要培养学生正确地与人交往，首先要使学生做到对人诚实守信。在教育活动中，理直气壮地讲诚实守信是做人的美德；缺乏诚信的人际交往是对别人的不尊重，最终自己也将得不到尊重和肯定。明确地让学生懂得：未来的竞争和合作是在一种更有序和更规范的道德和法律的约束下进行的，诚信不仅是自我做人要求，同时也是社会上每个成员的基本要求，是文明社会进步的标志。

当今社会的一代学生大多是独生子女，他们依赖性强、以我为中心的缺点不可忽视。

（3）引导学生不回避竞争

在当今社会中，竞争是客观存在的，是不可避免的，这是首先要让学生形成的意识。在具体工作中，我一方面通过心理健康教育对学生进行正确的引导，结合一些社会实际和背景资料，组织讨论，使学生看到，竞争是不可避免的，而竞争又是社会进步发展的动力，必须面对积极准备。因此，我们必须从现在的学习中开始学会竞争，参与竞争。

（4）树立较强的参与竞争意识

把学生作为主体，尊重学生、信任学生，帮助学生树立较强的主动参与竞争的意识。如鼓动学生抓住一切机会参与学校的学科竞赛、球类比赛、和其他一切评比活动。在班里，要求每位同学都给自己找一个竞争的对象，或学习上的、或班级管理上的、甚至是某一门学科的，从而在班里形成了你追我赶的局面。为了培养全体同学的竞争意识，在班里还确立了班干部轮换制，值日工作竞选制，方式是自我推荐，竞选上岗，期限是半学期。结果，许多同学上台演讲，自我介绍，自我推销，竞相展示自己的优势才能。通过这一过程，为每一个学生的成功提供了机会，效果很好。

（5）帮助学生形成正确的竞争观

通过班级主题班会、辩论会等形式，教育学生未来社会的竞争成功者，依赖的不是权力、金钱、父母、朋友，而是靠个人的真才实学和良好的道德品质，如不损人利已或以不正当途径方法达到目的。具体以每学期的考风考纪教育为主要形式，针对有些学生的作弊现象，在班里开展讨论，让学生认识到这种不正当的竞争意识是错误的，启迪学生去思考。

(6) 增强学生的合作意识

竞争和合作是相辅相成的，合作是竞争的基础。因此，在培养学生竞争意识的同时，必须同时注重增强学生的合作意识，让学生学会共处，学会与他人共同生活。在工作中我着手从以下几方面实践：首先，以创建优秀集体为目标。因为优秀集体的显著特征就是学会共处，从严格意义上讲，优秀集体不仅是内部团结，更重要的是崇尚合作。

在创优的过程中，帮助学生学会接纳他人和学会为别人着想，共同承担责任，共同克服困难、解决矛盾，最终达到增强学生的合作意识和能力。创设多种多样的活动场景，以培养学生的团队协作精神。如以小组为单位开展社会实践的争优活动，要求小组的每一个人都共同承担相应的任务，组织一次活动，有人负责策划，有人负责节目编排，有人负责环境布置，也有人负责宣传。通过这种经历，这种共同完成任务的活动，合作意识和能力有了明显的提高。另外还有比如：以小组为单位出黑板报进行评比，小组为单位进行辩论赛，以小组为单位编历史小报和班刊等等。

从自我教育、自我管理入手，培养学生具有"自尊"、"自重"、"自主"、"自律"的精神，这是学生具有良好道德品质学会做人的基本要求。

良好道德素质的培养要从培养基础道德入手，而培养基础道德，是形成自我发展，自我纪律的关键。因此，培养基础道德首先要从培养学生的自我教育，自我管理抓起，它是学会做人的基本要求，也是在道德上是否具有可持续发展能力的基础。而对学生的基础道德教育方面，单靠说教及强制的措施行为是难以奏效的，这就需要遵循学生的认知发展规律。道德教育也首先要他律，在此基础上才能达到自律。

（7）激发学生的成功欲望

激发学生的成功欲望，以行为规范要求为基准，培养其"人格自尊"精神。人格自尊是规范基础道德的前提，按照马斯洛需要层次说：自尊需要属于四个层次。就是说，一个人在生存需要、安全需要、爱的需要得到一定满足时，才会产生自尊的需要。从而达到更高层次，为自我实现需要，也就容易从他律走向自律。因此，我们在培养学生基础道德过程中，必须遵循学生的心理认知特点，要避免在行为规范的养成上实行一管到底，对一些学生行为规范出现的偏差一味地指责和批评过多。而要从学生的自尊问题去思考，激发学生希望成功的欲望。只有这样，学生才会去自尊和要求别人对其尊重的自尊心理。才会使自己的行为规范合乎公共利益。这实际上就是以人的发展为本，以学生为本。

所以，在班级中要求学生自己参与制定班规，然后要求每个学生以此作为自己行动的标准，并在此基础上，让学生讨论中学生应该具备哪些道德品质。

（8）倡导和谐健康的人际交往的氛围

倡导和谐健康的人际交往的氛围，民主平等的师生关系培养学生的自信，培养其"处世自重"的精神。未来社会充满着挑战和竞争，在开放的社会大背景中，会有各种各样的名利诱惑，或面临各种价值的选择，而要成为能立足于社会的现代人关键在于处世自重。即胸襟坦荡，开朗坚定的立身处世原则，不自高自大，不亢不卑，诚实，平等态度处世待人。

学生无论在心理和生理上正处于走向成熟时期，因此，在培养学生学会处世这点上必须重视对学生的处世自重的引导。首先要培养学生的自信，正确地认识自己，认识处世的重要性。给每个学生都提供机会和条件，让其体验人际交往的锻炼。比如在班级管理中我采取了班干部竞选轮换制，给每个学生都提供机会和条件，让其体验人际交往的锻炼。特别对于哪些性格内向，平时胆子比较小的同学要多加鼓励，给他们创造机会参与竞选进行锻炼，使这些同学在工作中认识到与别人打交道的重要和艰辛。班上有些同学，由于家庭的影响，性格孤僻，对自己缺乏信心，总认为自己什么都干不好，不会干，没有别人那样的工作能力，还老是觉得自己是多余的。通过多次找他们谈话，不断地鼓励他们，尽量找机会让学生多参加社会公益活动，通过活动让学生亲身体验与社会上各类人打交道。很多学生不再怯懦和自卑，变得自信，知道了自己是社会的普通一员。

(9) 发挥学生的主体意识与作用

抓好良好学习习惯、学习态度和学习方法的培养，培养学生的主体意识，发挥学生的主体作用，形成"自主学习"的精神。现代社会的发展，终身教育将是人一生必须面对的问题，因此，学习将伴随人的一生。当代发展性教育理念下的学习，强调的是学生的主体作用。这就更需要重视培养学生的自主学习的精神，其关键就是要学会具有一种在各种环境和走上社会后能根据个人和社会的需要，独立地去学习，不断地完善自己，形成可持续的发展能力；其次，除了满足书本的学习外，还要学会在社会中选择和判断的能力，从中汲取养料，弃恶扬善，锤炼自己。

从培养能力的角度讲，就是要使我们的学生在未来的学习中有根据需要调整学习目标的能力；判断学习材料和学习活动是否符合学习目标的能力；选择学习材料和学习内容的能力；有与教师或其他学习者进行协商的能力及监控学习调整学习态度、动机等情感因素的能力和评价学习结果的能力。为使学生具备这样的能力，成为学习的主人，从每学期开始，要求学生根据自己的实际情况，制订出学习目标和实行目标的具体措施，鼓励每个学生能充分调动自我的学习阶段性。期中考和期末考后，让考得好的同学介绍自己成功的经验。就德育的角度讲，培养学生的自主学习更主要的是对学习习惯和学习态度的培养。

（10）帮助学生学会行为自律

发挥"内因"的作用，使学生达到行为的自律。从心理学角度而言，外在教育要求和影响没有内化为受教育者的主观要求，受教育者处于被动，消极地接受教育的形态称之为"纪律"。反之，外在教育影响内化为受教育者的主观需求，并在尔后的言行中自觉地体现这种内化的影响，则称之为"自律"。

学会做人的关键是在"做"即行为本身。我们认为：要提高学生的道德水平和整体修养，关键在于发挥"内因"作用，而强化以自省性、自控性、自励性为内容和目标，达到行为自律。真正产生潜移默化的作用，促进学生形成稳步向前发展的道德观和人生观。具体做法如下：不断自省促使学生对自己行为作出评价。所谓自省就是让学生对自己个人身心活动的观察。自省过程也是学生对自我行为评价和反思的过程，是个性社会化的过程，意味着学生对自己的各种素质发展有了一个自我评价和反思的积极要求。通过学校的道德品质考核和班级的行为规范量化考核记载，建立学生的自评考核制度，这样不断自省内察在行为自律的导向上是积极有效的。

从抓学生平时学习活动中发生的冲突事件入手，结合文明礼仪教育，使学生学会自控，以达到身心修养的成熟境界。中学生道德素质的培养形成是在一系列的矛盾冲突中进行的。无论是知与行矛盾、个体需求与社会需求的矛盾、渴望得到尊重与不懂得尊重别人的矛盾等等，这些都需要学生具有控制自我要求和情感欲望的能力。例如，我们可以抓住学生在球赛和运动会中表现出来的一些比较激动的倾向，或者因此而发生的一些冲撞事件，组织学生进行讨论，使学生懂得"礼让三分""三思而后行"重要。通过讨论，大家认为，在日常生活、学习、工作中，我们都会遇到大大小小的不如意，我们都应该理智地对待，做到凡事"三思而后行"，这是文明的标志，也是一个人良好道德素质的体现。

让学生不期自励，使学生在人格上不断迈向自我完善，以达到行动自律的最高层次。通过每学期每个同学根据自己的情况，在行为规范方面提出自己的奋斗目标，自我激励。

从现在做起，从我做起，从身边小事做起，指导学生积极参与实践，学会五个"关心"是培养良好道德素质重要途径。

人与人的交流有其功利的一方面，而更多的是要关注非功利的一面，以团结互助为荣、以损人利己为耻。学会关心他人以及获得关心、获得尊敬是人的最基本的要求之一，也是人格完善的基础。关心是一种智慧、一种感情、一种境界，培养这种情感，便于人们之间的沟通、交流与合作。有了这种情怀便易于达到这种境界，便会提升为神圣的使命和责任感。它充分顺应了现代社会发展对于今天教育的要求，又体现了人类对自身价值和教育功能的再认识。即反映了时代特征，又体现了人类教育的优良传统和永恒的追求。

如何培养学生学会关心，应该把其提升到责任感高度认识。它应当包括对自己的责任，对他人、家庭社会承担责任最终对人类的责任。在现代社会是个人的成功要体现个人的价值观，更要突出社会价值观，即将个人的未来与整个社会的发展进步紧密相联。

（11）让学生学会关心他人

学会关心他人，包括学会关心集体中的他人、同学、老师等。同学老师每天都朝夕相处，作为集体中的个体，应该承担相应的责任，要学会互相帮助，共同提高，弘扬"我为人人"的风尚。在实践中采用"诱导法"利用班级学校中家庭比较困难或家庭不幸的同学的事例，对学生进行教育引导，激发学生的爱心。拿出自己的零用钱，放弃一次品尝麦当劳、肯德基的机会，献出自己的一份爱心，帮助身边的同学战胜困境，在班里创设了温馨、和谐、平等、友爱的人际氛围。其次采用了激励法，对于学生中能乐于助人、友爱团结的先进事迹和个人常常予以表扬。在班里举行了以"关心"为主题的班会，倡导学生从我做起，从身边的小事做起。

（12）让学生学会承担责任

学会关心家庭，孝敬长辈，为家庭负起应有的责任。现在大多数学生是独生子女，饭来张口，衣来伸手。只求索取，不愿付出，更有甚者，对待父母冷漠，缺乏孝心、关爱。一个连父母都不爱的人，怎能爱他人，爱国家，爱人类。

如把家务劳动的情况作出自评、家长复评，作为品行等第评定的依据。又如要求学生记住父母的生日，母亲节或父亲节送父母一份礼物，给父母一个惊喜，勉励学生珍视亲情，学会善待家人，进而老吾老以及人之老，把爱心推及他人和社会。针对有些同学在家中的特殊情况，我还把这种教育推及到家庭，让家长配合教育学生。

（13）让学生懂得关心国家大事

学会关心国家，即关心国家的大事、国家的发展和前途。由于长期以来的应试教育观念的影响，学生一直以追求高分数为目标，学校也往往以分数的高低来评价学生。因此造成了一些学生只埋头读书，不关心政治、国家大事，孤陋寡闻，缺乏爱国热情。

如进行一些兴趣性的爱国主义教育，让学生从身边寻找变化，举办了演讲比赛；通过活动，使学生养成了关心国家大事，关心国家发展的好习惯，同时也提高了学生的能力。

（14）让学生学会关心社会

学会关心社会，即关心社会的人和事，包括相识的和不相识的，直接参与和未参与的。作为中学生应该有主动参与的积极性，班里组成志愿者队参加各项活动，得到了较好的评价。

（15）让学生学会关心人类发展

学会关心人类生存发展，即关心环境、自然、生态乃至地球。

注重组织学生在社会实践中对环保的关注，利用黑板报进行有关环保知识的宣传，以增强环保意识；还在班里组织学生对环境污染等问题情况作了调查，提出整改的建议，既增强了学生的关心意识，又培养了学生的活动和实践能力。此外，还利用主题班会的时间，开展了一次题为"拯救地球"活动。

我们从社会主义荣辱观入手，从思想上理解，从习惯上培养，从行为上实践，天长日久，相信一定会对我们每个人的为人处事产生极其重大的影响。一个具有正确荣辱观的人，一定会是一个高尚的人，由无数个高尚的人组成的社会，一定会是一个和谐美好的社会。

# *14.* 政治教学与思想道德教育的关系

政治是一种社会价值追求，是一种规范性的道德。中国儒家学说对于政治的阐释，寄托着其对于仁义礼智信的道德要求。如孔子曰："政者，正也。子帅以正，孰敢不正?"这里的"正"，就是儒家的道德规范，治者的思想行为符合这些规范，天下当治。

道德是通过社会舆论、传统习俗和个人的内心信念来维系的，以善恶为中心进行评价的社会规范和标准。因此，道德是社会的意识形态。

现代物质文明的提高是人类进步的一个显著标志，但生活的富足也带来了某些消极的因素。不少青少年缺乏明确而崇高的政治信仰和远大的理想，他们重视物质利益，自我意识膨胀，追求个人享乐，缺乏相应的社会责任感和义务感，因而思想道德素质教育问题日益受到广大教师和教育工作者的重视。

**教育方针的根本要求**

思想道德素质教育是党和国家的教育方针的根本要求，同时也是中技思想政治课课程设置的目的要求。由此可以看出，在培养目标和培养什么样的人这个问题上，国家都把思想道德素质的教育放在了首位，即坚持德育首位。中技思想政治课课程的设置，目的是通过较为系统地灌输马列主义、毛泽东思想和邓小平理论的基本知识和有关的社会科学基础知识来帮助学生树立坚定的政治立场和政治方向、培养学生良好的思想道德品质和科学的世界观、人生观。中技思想政治课课程的这一教学目的决定了政治教师必须重视和加强思想道德素质教育。

### 思想政治课的主要任务

开展思想道德素质教育是思想政治课的主要任务之一。《中学生德育大纲》中规定：思想政治课"以课堂教学为主要形式，用以马列主义为指导的理论观点和科学基础知识武装学生，逐步提高学生的思想政治觉悟和认识能力，培养他们的社会主义道德品质。"由此可以看出，大力加强思想道德素质教育，努力提高学生的思想道德素质是中学思想政治课的主要任务之一。

### 政治课和思想道德一致

思想政治课的教学过程和思想道德素质教育过程基本上是一致的。思想政治课的教学过程，是政治教师按照教育的培养目标和课程性质、任务，有计划地引导学生学习马克思主义、毛泽东思想和邓小平理论的基础知识，培养运用马克思主义的立场、观点和方法去认识问题的能力，提高思想政治觉悟，培养社会主义道德品质和逐步树立科学的人生观、世界观的过程。思想道德素质教育过程是教师有目的、有组织、有计划地对学生进行道德教育的过程，也就是帮助学生在生活实践的基础上，逐步将社会道德要求转化为内在的道德素质和道德行为习惯的过程。由此可见，思想道德素质教育的教育过程和思想政治课的教学过程基本上是一致的。

　　加强思想道德素质教育，努力提高学生的思想道德素质，是面向二十一世纪中学思想政治课教学改革的必由之路。衡量思想政治课教学质量高低的标准，应该看它所培养的学生有多少成为社会主义建设各项事业实际需要的德才兼备的人才。任何忽视思想道德素质的政治课教学改革都不适应二十一世纪对人才的要求，而且注定是要失败的。

# 15. 思想道德建设是教育的核心

　　思想道德是学生综合素质的核心，渗透于一个人素质的各个方面，是学生学会做人，成为社会主义事业建设者和接班人的根本所在。因此，思想道德建设是学生素质教育的灵魂。思想道德建设的内涵包括三个方面：其一是用马克思主义武装大学生的头脑，树立正确的世界观、人生观和价值观，掌握和运用辩证唯物主义和历史唯物主义的原理及其方法去分析问题、解决问题；其二是从无产阶级的根本利益出发，坚持正确的政治立场和政治方向、坚持正确的政治观点，严守政治纪律并不断提高政治鉴别力和政治敏锐性；其三是以为人民服务为核心，以集体主义为原则，以爱祖国、爱人民、爱劳动、爱科学、爱社会主义为基本要求，加强道德修养，完善道德人格。

### 树立正确的教育观念

　　思想道德建设是一个长期的系统工程，不是单纯由"两课"教师和学生政工干部在规定时间内可以完成的，它是贯穿于学校各项工作中的首要教育任务。它体现在教书育人、管理育人、服务育人、学生自育等各个方面和爱党爱国、爱校爱友、奉献为民、尊师守纪、诚恳正直、慎独为善等各个不同的层次上，因此要树立全方位、多层次、全过程的立体教育观，使思想道德建设渗透于学校工作的各个环节。当前尤其要克服把高校德育首位的要求停留于口号上的现象，要以学生思想道德建设为统领，注重各项工作的价值导向和行为导向，充分体现我国社会主义初级阶段对人才培养的思想、政治、道德和行为要求，使学生真正做到"四有"，即有理想、有道德、有纪律、有文化。

### 形成完善的评价机制

正确的教育观念需要良好的工作机制去实现。要通过建立有效运行机制，使学生把素质教育的客观要求内化为自身成长的主观追求，从根本上推动素质教育的进程。素质教育评价机制的完善主要应包括专业业务评价、个性心理评价、行为表现评价三个部分，而对思想道德的评价则应渗透于其中每一个部分，体现在它们的具体评价指标的导向上，而不是单独建立思想道德测评体系。

从思想道德对个人所起的作用来说，是全面渗透于人的各项具体活动中的，如果仅就人的局部活动作为思想道德评价指标显然具有片面性。况且对于学生针对局部活动指标的故意行为则会导致思想道德评价的偏差，不利于学生思想道德修养的提高和人格的自觉养成。

学生思想道德建设是高校教学、科研、管理和文化活动的核心，它寓于各项具体的培养工作之中，因此在各类具体结构性素质要素的评价中体现思想水平、政治觉悟和道德境界，是促使大学生综合素质提高的有效机制。

### 发挥教师的主导作用

学生在校期间与各科教师的互动最为频繁，师生之间的思想碰撞和行为影响较为深刻、广泛。因而教师的一言一行对处于求知若渴、涉世未深的大学生来说是充满魅力的，学生常常在教师中确立自己学习的榜样，在言行上予以效仿，作为自己今后的成才方向。可见，充分发挥教师的主导作用，以他们自身精湛的业务技能和高尚的人格教育和引导学生，在学生素质教育过程中具有十分重要的意义。

教师不仅是学生专业业务素质提高的引路人，而且理应成为他们思想道德建设的先行者和示范者。"智者德之资也，德者智之率也。"我们所培养的人才是以德处世、以才报国、德才兼备的社会主义现代化建设事业的建设者和接班人。广大教师承担着培养和造就青年人才的重任，必须站在思想道德水准的高位和科学技术发展的前沿引领学生素质的全面拓展。

**开展丰富的社会实践**

人才素质的展现是在实践中进行的，组织学生开展丰富的社会实践活动，在现实社会生活中锻造学生的思想道德品质，是学生素质培养的必由之路。国家向学生提出了"四个统一"的要求，即坚持学习科学文化和加强思想修养的统一，坚持学习书本知识与投身社会实践的统一，坚持实现自身价值与服务祖国人民的统一，坚持树立远大理想与进行艰苦奋斗的统一。

"四个统一"的要求不仅体现了对当代学生素质全面发展的要求，而且强调了要将思想道德建设贯穿于学生成才的全过程，强调了在实践中培养和造就青年一代。实践出真知，实践是检验真理的唯一标准，实践是人才素质的试金石。我们要将社会实践作为学生认识社会、展现自我、塑造人格、服务人民的人生大舞台，使他们切实从实际出发，不断提高自身的综合素质，成长为无愧于党、无愧于人民的时代先锋。

# 16. 体育课堂中的道德素质教育

　　学校的体育课教学是学校教育工作中不可缺少的重要组成部分，是对学生进行素质教育和素质培养的重要内容。素质教育就是以人的身心发展和人的素质提高为目的的教育。根据党的教育方针、教学大纲和教学计划中，课程设置的规定内容来讲，人的素质大体可分为：思想道德素质、科学文化素质、身体素质、心理素质、劳动技能素质等方面。应该肯定的是：无论从哪个角度来研究和分析素质教育问题，都离不开体育这个中心内容。因此，应该把学校的体育工作，视为素质教育的重要一环，它对学生其他方面的素质教育、素质培养与提高，有着重要的无可替代的作用。

　　在体育课教学中，贯穿与实施素质教育，是通过多种渠道和形式进行的，但是体育的课堂教学是实现素质教育的基本途径。体育课是教育计划中所规定的必修学科。体育课程有体育教师授课指导、有课时保证、有教学大纲和教材所遵循，所以它能够有力地通过体育课教学，保证素质教育要求的实施，体育课是学校体育的基本组织形式，是体育教师按照教学大纲、教学计划和教材内容的要求，向学生传授体育知识、技术和技能。教会学生锻炼身体的方法，增强学生的体质。通过体育课教学，对学生进行思想品质教育的教学过程，是实现学校体育目标和实施素质教育的中心环节。

## 有机地贯穿思想素质教育

　　学生的世界观尚未形成，正处于长身体、长知识，认识事物、熟悉事物的时期。因此，教师要怀着对孩子健康成长高度负责的思想，在体育课的教学工作中，要认真地钻研教材，挖掘其德育教育因素，有机地结合贯穿思想品德教育，特别要通过体育史、体育时事的教学，增强学生的民族自尊心和自信心，激发其不甘心落后的进取心。

要重视和加强社会责任感的教育，使他们从小就明确搞好体育不仅是个人的事，而是国家和民族的大事。使学生从道理上懂得：我们的祖国是伟大的国家，我们的民族是伟大的民族，个人的荣辱牵系着千家万户，牵系着我们伟大的祖国，从而增强他们的民族自尊心和社会责任感。不断地提高他们为祖国，为人民而好好学习、锻炼身体的自觉性和积极性。

结合教材特点，在教学工作中，要教育和培养学生从小就养成良好的体育道德风尚，在体育课的有关练习中，要教育和培养学生做到：遵守纪律、服从组织、精力集中、相互学习、相互尊重、取人之长补己之短，认真观摩、虚心好学的优良学风，在竞赛活动中，培养和教育学生要做到：奋力拼搏、坚忍不拔、敢于斗争、敢于胜利和胜不骄败不馁的大无畏的英雄气概。

### 自身心理素质教育的培养

所谓心理素质教育，可以理解为动机教育、兴趣教育、能力教育、情感教育、意志教育和性格教育等。在体育课教学工作中，都孕伏着上述教育的内容。所以体育教学，应在计划的整体设计中体现出心理素质教育的构想和内容，并在每节体育课的教学中认真实施，从而显现出心理素质教育的效果。

创设良好的体育课堂氛围，能让学生在积极向上、活泼乐观的气氛中上完一节体育课，能最大限度地发挥学生的情绪、情感的感染功能，能让学生在学习中表现出积极的情感、乐观的情绪、饱满的热情，对学生的性格也会产生良好的影响。

通过体育课教学，培养和发展学生的体育能力，是体育课教学的核心，提高学生的自我锻炼能力和身体活动技能，促进学生脑体结合，培养其综合运用脑力和体力的能力，把心理调控在最佳状态，达到提高心理素质的目的。

所谓能力是指知识、技术、智力和体力的有机结合，它体现在体育教学中，主要是培养和发展学生的主动学习，独立锻炼身体的能力。如果学生能够熟练地掌握所学的体育知识、技术和技能，能够创造性的运用到平时锻炼身体的实践中去，这就是体育能力的具体表现。

体育教学的项目繁多，内容丰富，通过教和练，它能够促进学生全身各个器官的生长和发育，提高各项身体素质，使学生养成遇事沉着、冷静、处理果断的良好习惯，在学习中，还能够学会自我保护、自我控制，自理的能力。

因此，通过体育课的教学，通过体育项目的学习和各种各样的体育活动，可培养学生良好的健康心态，较强的心理自我调控能力以及心理的稳定性和广泛的适应性，以便使自己将来更出色地完成好祖国和人民赋予的神圣大业。

# 17. 学生道德素质教育与就业的关系

学生就业道德素质在探讨学生就业与学生道德素质关系的基础上，分析目前学生道德现状，提出学生就业不应忽视学生道德素质的培养，进而提出如何在新形势下加强学生道德教育的措施以适应市场的需要。

### 学生就业与学生道德素质关系

学生就业与学生道德素质的关系根中指出，越来越多的企业在招聘时候更加注重道德考核，道德标准已经成为继能力认证后的第二大用人考核标准，而据智联招聘网的相关统计，目前越来越多的企业把道德标准列入人才考核项目，几乎有半数企业在招聘中都会涉及孝心、诚信问题。

许多人力资源经理表示，拔尖的学习成绩固然重要，但他们更看中应聘者的职业道德观。做好新时期毕业生就业工作关系千百万学子及其家庭的切身利益，关系高校和社会的稳定，关系科教兴国战略和社会主义现代化建设的大局。

这不仅需要全社会的努力，更需要高校转变观念，把道德教育提高到与文化教育同等重要的地位，改变高校目前"重知识和技能传授、轻道德和素质教育"的跛行局面；对学生的德育建设，特别是职业道德教育予以高度重视，切实加强和改善大学生道德教育，提升就业竞争力。

### 学生道德的状况是积极的

目前的学生道德状况就目前而言，学生的道德主流是积极向上的，但学生道德行为的自觉及自律意识较弱；道德价值取向呈现多元化、功利性趋向；道德认知与道德行为不协调发展。

学生群体思维活跃，有敏锐的感受力，但同时学生自身的不成熟性又决定其在心理上缺乏调控能力，极易受社会环境的左右而在道德认识上出现偏差，产生思想道德上的困惑；道德标准选择的多元化与道德价值判断的模糊化倾向比较明显；在道德要求和评价方德规范的认识和内化缺乏深度，也影响了在生活中的抗感力，进而在外界的干扰下就轻而易举就放弃了道德追求，使学生在道德生活中产生了"知行脱节"的现象。

例如，从学生调查结果看，学生对自身的道德状况评价不高，认为"好"的只有 *11%*，*70%* 的学生认为一般，*19%* 的学生认为较差或者很差，*85%* 的学生对"诚信是一个人最重要的道德品质之一"表示认同，但在具体问题上，这一认知却大打折扣。

"您对考试作弊的态度"的调查表明，只有 *46%* 的大学生表示"痛恨，坚决不作弊"，同时却有 *26%* 的学生认为"考试作弊虽然不对，但有机会自己也会作弊"，更有28%的学生认为"作弊在学校里是常见现象，不必大惊小怪"，找些潜在的考试作弊者总计达54%。

当被问及"当您发现坐在旁边的同学考试作弊，您会怎么办？"时，只有5%的学生会向监考老师揭发或者暗示他在作弊，却有78%的学生虽然看不惯，但碍于情面不表现出来，或者事不关己，干脆不管不问。

这说明相当一部分大学生在日常小事上的道德认识是模糊甚至错误的，其道德行为与道认知是不符的。学生应该怎样做，愿不愿意怎样做，应不应该负责任等问题时，其认同率达到87%。

又例如，愿意在公共汽车上给老、弱、病、残者让座；学校要重视学习、不虚度光阴；考试不作弊、不弄虚作假；但当问到你是否这样做了，是否愿意承担责任时，认同率仅占38%，道德责任认知水平与行为表现不相统一、不协调。

### 道德教育适应市场需求

在长达五千年的发展中，中华民族形成了以爱国主义为核心的团结统一、爱好和平、勤劳勇敢、自强不息的伟大民族精神。

党的十七大报告指出："用以爱国主义为核心的民族精神和以改革创新为核心的时代精神鼓舞斗志，用社会主义荣辱观引领风尚，巩固全党全国各族人民团结奋斗的共同思想基础"，凸显了民族精神的重要。

中华民族精神是中华民族文化中固有的，并且持续不断的一种优秀的历史文化传统，是中国人民在未来岁月薪火相传、继往开来的精神动力，更是宝贵的精神财富，培养民族精神，最核心的是加强爱国主义教育。

中华民族在历史长河中形成了团结统一、爱好和平、勤劳勇敢、自强不息的民族精神，爱国主义像一根红线始终贯穿于其中。弘扬和培育民族精神，有助于当代学生接受民族文化的熏陶和民族苦难斗争历史的教育，抵制不良思想和文化的侵蚀。

弘扬和培育民族精神，有助于增强学生理想信念的坚定性、有利于当代学生在就业的道路上正视困难，消除消极的心理。

**加强对学生的就业诚信教育**

诚实守信是人类区别于动物而形成文明社会的最重要标志之一，是拥有道义上的人格的最重要因素。针对当前学生就业中出现的"信用危机"，诚信教育成为学生培养中的重要课题。

（1）通过加强道德教育

通过加强道德教育，使学生充分认识到：在现代社会，诚实守信是一个人应该具备的基本道德素养和美德，是为人处世的立身之本。

（2）通过加强法治教育

通过加强法治教育，使学生深刻理解诚信的法律价值和意义，引导学生树立"信用至上"的价值观、公平平等的法律意识和信守规则的法治理念。

（3）严抓师德和学术诚信制度建设

要严抓师德和学术诚信制度建设，古语有云：学高为师、身正为范，教师对学生的影响甚大，为人师者的榜样作用不容低估。

高校学术造假、学术腐败等行为时有发生，这些现象的负面效果往往比普通群体的失信行为有过之而无不及，可对大学生形成正确的价值观和人生观产生严重破坏；而推行教师学术道德建设，树立诚信为学的典范，对学生可起到事半功倍的教育功效。

**加强大学生人生价值观教育**

首先，要引导学生树立崇高的职业理想。职业理想是指人们对未来的工作部门、工作种类等的向往，如果学生树立了崇高的职业理想，就能自觉地把自己的命运、前途与整个社会的需要和发展联系起来，产生巨大的精神力量。

其次，教育和引导当代学生要正确认识、对待和处理好自我价值和社会价值的关系。特别要注意克服脱离社会价值，片面强调自我价值、忽视社会价值的倾向，将二者和谐地统一起来，引导学生树立崇高的职业，理想和远大的抱负，把自己的需要与国家、社会的需要结合起来。

综上所述，学生道德因素的培养不容忽视，要想使培养的学生获得社会的认可，使学生能够顺利进入社会，我们就必须要全面提高学生的综合素质，而要想学生的综合素质得到理想的发展，就必须十分的注重学生的道德水平培养，广大教师要在自己的教学工作中，注意上述各方面工作的实践，提倡德育创新，更好地促进学生道德因素的发展，为社会造就合格有用之才。

第二章

学生的道德素质教育与升级故事推荐

# 1. 为了哥哥

一位年轻的总裁，以比较快的车速，开着他的新车经过住宅区的巷道。他必须小心正在做游戏的孩子突然跑到路中央来，所以当他觉得小孩子快跑出来时，就要减慢车速。就在他的车经过一群小朋友的时候，一个小朋友丢了一块砖头打着了他的车门，他很生气地踩了刹车，并后退到砖头丢出来的地方。

他跳出车外，抓住那个小孩，把他顶在车门上说："你为什么这样做，你知道你刚刚做了什么吗？"接着又吼道，"你知不知道你要赔多少钱来修理这台新车，你到底为什么要这样做？"小孩子哀求着说："先生，对不起，我不知道我还能怎么办？我丢砖块是因为没有人停下来。"小朋友一边说一边眼泪从脸颊落到车门上。他接着说："因为我哥哥从轮椅上掉下来，我没办法把他抬回去。"

那男孩啜泣着说："你可以帮我把他抬回去吗？他受伤了，而且他太重了，我抱不动。"

这些话让这位年轻的总裁深受感动，他抱起男孩受伤的哥哥，帮他坐回轮椅上。并拿出手帕擦拭他哥哥的伤口，以确定他哥哥没有什么大问题。

那个小男孩感激地说："谢谢你，先生，上帝保佑你。"然后男孩推着他哥哥离开了。年轻的总裁慢慢地、慢慢地走回车上，他决定不修它了。他要让那个凹洞时时提醒自己：不要等周围的人丢砖块过来了，自己才注意到生命的脚步已走得过快。

## 2. 甘蔗

有一个人，手托着一盘甘蔗，沿街叫卖，寻求买主。在村头，有一个人想吃甘蔗身上却没有钱。

卖甘蔗的人说："请先拿去吃吧，等你手上有钱时再来还账就行了。"

那个人却理都不理地跑开了。

别人问他为什么，他说："如果口吃甘蔗心里想着还钱，甘蔗在口中自然就不会感到甘甜了。"

## 3. 换一条路走

迈克在求学方面一直遭遇挫折，高中未毕业时，校长对她的母亲说："迈克或许并不适合读书，他的理解能力差得叫人无法接受，他甚至弄不懂两位数以上的计算。"他的母亲很伤心，决定自己教他。然而，无论迈克如何努力，他也记不住那些需要记忆的东西。迈克很伤心，他决定远走他乡……

许多年后，市政府为了纪念一位名人，决定公开征求设计名人雕像的雕塑师。众多雕塑大师纷纷献上自己的作品，最终一位远道而来的雕塑师被选中。开幕式上，他说："我想把这座雕塑献给我的母亲，因为，我读书时没有获得她期望中的成功，现在我要告诉她，大学里没有我的位置，但生活中总会有我的一个位置。"这个人就是迈克。人群中迈克的母亲喜极而泣，她知道迈克并不笨，当年只是没有把他放对位置而已。

# 4. 一只鹦鹉

一个人去买鹦鹉，看到一只鹦鹉前标着：此鹦鹉会两门语言，售价二百元。另一只鹦鹉前则标着：此鹦鹉会四门语言，售价四百元。

该买哪只呢，两只都毛色光鲜，非常灵活可爱。这人转啊转，拿不定主意。结果突然发现一只老掉了牙的鹦鹉，毛色暗淡散乱，标价八百元。

这人赶紧将老板叫来，问："这只鹦鹉是不是会说八门语言？"

店主说："不是。"

这人奇怪地问："为什么又老又丑，又没有能力，会值这个数呢？"

店主回答："因为另外两只鹦鹉叫这只鹦鹉老板。"

# 5. 插向自己的刀

一家公司招聘职员，最后要从三位应聘人员中选出两个。

他们给出的题目是这样的：假如你们三个人一起去沙漠探险，在返回的路途中，车子抛锚了，你们还有很多的路要走，可是你们三个人只能从七样东西中选择四样随身带着。你会选什么？这七样东西分别是：镜子、刀、帐篷、水、火柴、绳子、指南针。而其中帐篷只能住两个人，水也只有一瓶矿泉水。

甲男说："害人之心不可有，防人之心不可无。这帐篷只够两个人睡，水只有一瓶，万一要争起来，女孩子我可以让着点。这男的，要是为了争夺生存机会想害我呢？所以，我把刀拿到手，也就等于把所有主动权控制在了手中。"

乙女和丙男选的四样物品相同：水、帐篷、火柴、绳子。

乙女解释说："镜子在沙漠里没什么用，就不要了；指南针呢，只要有手表也就行了；刀不必要，在这茫茫的沙漠上，没有一点活物，更别说是对人具有攻击性的动物了；而水是必需品，虽然只够两个人喝，但可以省着点，相信也能够三个人一起坚持到最后；帐篷虽然只能容纳两个人睡，但是可以三个人轮换着来休息；火柴也是路上必不可少的；而绳子可以用来把三个人绑在一起，这样在风沙很大目不见物的时候，就不会失散了队伍，而且如果遇到沙崩，有同伴掉到沙堆底下，还可以用绳子把他拉回来。"丙男给出的解释与乙女相同。

最后，三位候选人中获聘的是乙女和丙男两位。

# 6. 旅游

在春天的一个美好日子里，许多人结伴到郊外去春游。这些人都兴高采烈，带上干粮、水壶便出发了，惟有一个有心人带了一把雨伞。

郊外的山上繁花似锦，莺声燕语，令游人们流连忘返。然而正当渐入佳境的时候，天空中却飞来了巨大的乌云，雷声隆隆地从远处滚来。眼看就要下雨了，那些没带雨伞的游客，被这突如其来的变故弄得惊慌失措，再也无心游览，一个个抱头鼠窜，跑下山去，寻找避雨的场所。

那位带了雨伞的人却不害怕，一把雨伞给了他充分的信心。他一边讥笑其他游客"人无远虑，必有近忧"，一边继续往春之纵深踱去，饱餐春之秀色。

不一会，雨便下起来了。他撑开了雨伞。不料这一场春雨下得十分猛烈，没等他回过神来，条条雨鞭便被风裹挟着，直扑他的怀里，巨大的旋风将他及雨伞旋成了一个陀螺。雨伞不但不能给他提供一点保护，反而成了他的累赘。眼看就要旋下山沟，迫不得已，他只有收起雨伞，跌跌撞撞往山下跑。待他赶到众人避雨的地方，他已经被浇成了一只落汤鸡。而那些并未带伞的游客，目睹他此时的狼狈相，一个个笑得前仰后合。

# 7. 明智的选择

1888 年，美国第 23 届总统竞选之日，候选人本杰明·哈里森（1833—1901 年）很平静地在等候最终的结果，他的主要兴趣似乎在印第安纳州。

印第安纳州的竞选结果宣布时已经是晚上 11 点钟了，哈里森在此之前早已上床睡觉了。第二天上午，一个夜里给他打过祝贺电话的朋友问他为什么睡这么早。

哈里森解释说："熬夜并不能改变结果。如果我当选，我知道我前面的路会很难走。所以不管怎么说，休息好不失为明智的选择。"

# 8. 探险恐怖角

迈克·英泰尔 37 岁那年做了一个疯狂的决定：放弃他薪水优厚

的记者工作，把身上仅有的三块多美元捐给街角的流浪汉，只带了干净的内衣裤，决定由阳光明媚的加利福尼亚州，靠搭便车与陌生人的好心，横越美国。

他的目的地是美国东岸北卡罗莱纳州的"恐怖角"（CapFear）。

这是他精神快崩溃时做的一个仓促决定。某个午后他"忽然"哭了，因为他问了自己一个问题：如果有人通知我今天死期到了，我会后悔吗，答案竟是那么的肯定。虽然他有好工作、美丽的同居女友、亲友，他发现自己这辈子从来没有下过什么赌注，平顺的人生从没有高峰或谷底，他为自己懦弱的上半生而哭。

一念之间，他选择北卡罗莱纳的恐怖角作为最终目的，借以象征他征服生命中所有恐惧的决心。

他检讨自己，很诚实地为他的"恐惧"开出一张清单：打从小时候他就怕保姆、怕邮差、怕鸟、怕猫、怕蛇、怕蝙蝠、怕黑暗、怕大海、怕飞、怕城市、怕荒野、怕热闹又怕孤独、怕失败又怕成功、怕精神崩溃……他无所不怕，却似乎"英勇"地当了记者。

这个懦弱的 37 岁男人上路前竟还接到奶奶的纸条："你一定会在路上被人杀掉。"但他成功了，4000 多里路，78 顿餐，仰赖 82 个陌生人的好心。

没有接受过任何金钱的馈赠，在雷雨交加中睡在潮湿的睡袋里，也有几个像公路分尸案杀手或抢匪的家伙使他心惊胆战；在游民之家靠打工换取住宿，住过几个破碎家庭，碰到不少患有精神疾病的好心人，他终于来到恐怖角，接到女友寄给他的提款卡（他看见那个包裹时恨不得跳上柜台拥抱邮局职员）。他不是为了证明金钱无用，只是用这种正常人会觉得"无聊"的艰辛旅程来使自己面对所有恐惧。

恐怖角到了，但恐怖角并不恐怖。原来"恐怖角"这个名称，是由一位 16 世纪的探险家取的，本来叫"CapeFaire"（仙女角），被讹写为"CapeFear"（恐怖角），只是一个失误。

# 9. 一辈子只做一碗汤

我家门前有两家卖老豆腐的小店。一家叫"潘记"，另一家叫"张记"，两家店是同时开张的。刚开始，"潘记"生意十分兴隆，吃老豆腐的人得排队等候，来得晚就吃不上了。潘记的特点是：豆腐做得很结实，口感好，给的量特别大。相比之下，张记老豆腐就不一样了。首先是豆腐做得软，软得像汤汁，不成形状；其次是给的豆腐少，加的汤多，一碗老豆腐多半碗汤。因此，有一段时间，张记的门前冷冷清清。

有一天早上，因为我起床晚了，只好来到张记的豆腐店。吃完了一碗老豆腐，老板走过来，笑着问我豆腐怎么样。我实话实说："味道还行，就是豆腐有点软。"老板笑了笑，竟然有几分满意的样子。我说："你怎么不学学潘记呢？"老板看着我说："学他什么呀？"我说："把豆腐做得结实一点呀。"老板反问我："我为什么要学他呢？"沉思了一下，老板自我解释说："我知道了，你是说，来我这边吃豆腐的人少，是吗？"我点点头。老板建议我两个月以后再来，看看是不是会有变化。

大概一个多月以后，张记的门前居然真的也排起了长队。我好奇，也排队买了一碗，看看碗里的豆腐，仍然是稀稀的汤汁，和以前没什么两样，吃起来，仍是以前的口感。

老板脸上仍然挂着憨厚的笑。我笑着问他："能告诉我这其中的秘诀吗？"老板说："其实，我和潘记的老板是师兄弟。"我有些惊讶："可你们做的豆腐不一样呀。"老板说："是不一样。我师兄——潘记做的豆腐确实好，我真比不上，但我的豆腐汤是用肉、骨头，配上调料，经过几个小时熬制而成，师兄在这方面就不如我了。"

见我还有些不解，老板继续解释："这是我师傅特意传授给我们的。师傅说，生意要想长远，就要有自己的特长。师傅还告诉我们'吃'的生意最难做，因为众口难调，人的口味是不断变化的，即使是山珍海味，经常吃也会烦，因此师傅传给我们不同的手艺。这样，人们吃腻了我师兄的豆腐，就会到我这里来喝汤。时间长了，人们还会回到我师兄那里。再过一段时间，人们又会来我这里。这样我们师兄弟的生意就能比较长远地做下去，并且互不影响。"

我试探地问："你难道就不想跟师兄学做豆腐么？"老板却说："师傅告诉我们，能做精一件事就不容易了。有时候，你想样样精，结果样样差。"

# 10. 只赚一分钱

前不久，绍兴市政府在诸暨召开的发展民营经济经验交流会上，道出了当地特殊的经济发展模式——三块五毛钱一双的高档精纺袜，只赚一分钱就卖！只赚一分钱，这令不少与会的见多识广的专家吃惊不小，很多企业主更是不敢相信。

然而，就是这毫不起眼的一分钱利润，培育出了数不清的百万富翁。他们给与会者算了一笔账：一双袜子赚一分钱，一个普通摊位每个月要是销出 70 万到 80 万双袜子，也就有 7 000 元到 8 000 元的利润，一年下来就有将近 10 万元。

如今，在诸暨大唐镇，大唐袜业市场拥有 1 600 间摊位。

去年，这里销出了超过 70 亿双袜子。

同样在绍兴市，唯一拥有中国驰名商标的浙江某集团，除了在全国各地的大商场内和商业街上开柜台和专卖店外，还做着一项鲜为人知的生意：在超市里卖三四十元一条的西裤。

面对疑问，该集团董事长解释："尽管超市西裤价格比较低，利润不大，但是3个月就结一次款，资金可以马上回笼，没有积压的风险。你不要看不起那一点点的利润，积少成多，去年我们在上海几个大超市，一年就做了1000多万元的生意。何乐而不为呢？"

这里还有一个类似的例子，说的是深圳一个半文盲的妇女，起初她给人家当保姆，后来在拥挤的街头摆小摊卖胶卷。她认死理，一个胶卷永远只赚一毛钱。市场上的柯达胶卷卖22元时．她只卖15.1元，不想，后来批发量却大得惊人，生意也越做越大。

现在，在深圳，她的摄影器材店，可以说搞摄影的无人不晓。

# 11. 老天爱笨小孩

上学时考试常常不及格的小张成了私立学校的校长，一向性格内向沉默寡言的大刘当上了外企销售主管，在厂里干什么都不行的二楞下岗后做代理商发了财……

他这样的人怎么会发财了呢？于是，常常能听到这样的诧异。这固然有心理不平衡的因素，也确实反映了许多人对于成功的困惑：为什么有些素质很差的人能获得让人大跌眼镜的成功，而那些聪明勤奋的人却常常只能是个优秀的小职员？

著名的组织行为学者，美国密执安大学教授卡尔·韦克转述了一个绝妙的实验：把六只蜜蜂和六只苍蝇装进一个玻璃瓶中，然后将瓶子平放，让瓶底朝着窗户，会发生什么情况？

你会看到，蜜蜂不停地想在瓶底上找到出口，一直到它们力竭倒毙或饿死；而苍蝇则会在不到两分钟之内，穿过另一端的瓶颈逃逸一空——事实上，正是它们的智力的差异，才导致聪明的蜜蜂灭亡了。

蜜蜂以为，囚室的出口必然在光线最明亮的地方，它们不停地重复着这种合乎逻辑的行动。对蜜蜂来说，玻璃是一种超自然的神秘之物，它们在自然界中从没遇到过这种突然不可穿透的大气层，而它们的智力越高，这种奇怪的障碍就越显得无法接受和不可理解。

那些愚蠢的苍蝇则对事物的逻辑毫不留意，全然不顾亮光的吸引，四下乱飞，结果误打误撞地碰上了好运气。这些头脑简单者总是在智者消亡的地方顺利得救。因此，苍蝇得以最终发现那个出口，并因此获得自由和新生。

韦克总结到："这件事说明，实验、坚持不懈、试错、冒险、即兴发挥、最佳途径、迂回前进、混乱、刻板和随机应变，所有这些都有助于应付变化。"

# 12. 茶杯上的专业

那天我带客人去见老板，办公室的秘书出去办事了，我只好给客人倒水，将客人的水杯放到桌子上时，我看到老板的水杯也该续水了，于是我轻轻地拿过水杯。续上水后也放回桌子上。

送走客人，老板把我叫到办公室。

"你是为谁服务的？"老板突然问我。

我看了看老板，见他一本正经，便满腹狐疑说："为你……"

"对，现在你是为我服务，为我服务，你就必须了解我的习惯，必须思考怎样做才能让我更舒服、更满意。我平时是用左手喝茶还是右手？"

"右手！"我肯定地回答。

73

"那你为什么把茶杯放在了左面？我喝茶时要从椅子上站起身才能拿到杯子，不注意还会把茶洒在文件上……"

老板端起水杯，走出去，片刻回来，把空杯子递给了我。

老板是让我再给他倒一杯茶。

打开茶几下面的抽屉，里面有花茶、绿茶、红茶，光绿茶就有好几种。我不知道老板喜欢喝哪种茶。

我问老板，老板说："你跟我在一起不是一天两天了，平时你就应该注意观察。"

平时我怎么没有注意到呢？除了要解决喜欢喝什么茶的问题，还有一个放多少茶叶的问题。少了太淡，多了太浓。

我双手小心翼翼地把茶杯放在老板的右前方的桌子上，满怀信心地看着老板，以为这次算是完美了。"你应该把茶杯手把靠着我，这样我正好抓着，不用再转茶杯……"老板还是指出了我的不足，"茶不能倒得太满，太满了茶的温度不能很快降下来，客人不能马上喝，这就失去了给客人倒茶的意义。无意义的服务，既浪费了茶叶，又付出了劳动，客人却没有得到丝毫的好处。"

这是第一次听到印象深刻的关于"倒茶"哲学。还有一次，是老板在公司中层干部会上讲的话。那是一个炎热的夏天，会议研究解决生产上的一个问题，大家提出了很多客观理由，言外之意解决问题困难很大。老板听了有些生气："大家都感到现在很热，很热这是老天的事情，我们管不着，也没有办法管。但是我们难道就这样让它热下去吗？不是，我们可以通过自己的努力，去挣钱，挣了钱买空调，我们就可以不受这份热，这是我们能够改变的事情。人，生来就是解决问题的，如果没有问题，我们今天在这里工作还有什么意义。"

快10年过去了，老板的这两次讲话，我却永远忘记不了。现在我也成了老板，对那些有发展前途的员工，我总是让他们先学会给客人倒水，打扫卫生。我知道，在这个世界上，哪怕是最简单的事情，都需要认真思考才能够做好。

# 13．生活之本

多年前，美国纽约的"红心慈善协会"准备为一家孤儿院盖一所大房子。在破土动工时，意外地挖到了一座坟墓。于是在报纸上刊登出启事，请死者家属速来商量移坟事宜，届时将得到补偿款五万美金。

三十二岁的爱德华看了消息不由怦然心动，他的家就曾在那片土地上。父亲也确实死去了，但却不是葬在那里。就差了一点点，爱德华忍不住地想，要是父亲当初葬在这块地上就好了，他就可以轻而易举地获得五万美金。五万元美金，这在当时真是一个惊人的数字了。

可那不是自己的父亲，但爱德华还是抑制不住五万元的诱惑。他还想，这座坟墓既然没有人认领，自己可不可以冒充一回孝子，做一回儿子？爱德华为自己的想法所激动。不过启事上说得很明白：要去认领，得拿出相关的证明。

爱德华绞尽脑汁，终于想出了可以证明那是父亲坟墓的办法。他到旧货市场，买了一张三十年前的旧发票，再到丧事物品店花了六美元，让人在旧发票上盖了一个章，证明他三十年前曾为父亲在这里买过葬品。爱德华做得天衣无缝，喜出望外地跑去认爹了。

那家慈善机构的一位小姐热情地接待了爱德华。爱德华装出一副悲痛的模样，甚至掉下眼泪，痛哭不止，接待小姐却笑了，说："你不必这样，老人家毕竟已经入土三十年了，活人不该再这样悲痛。"爱德华感到自己是有点过了，就不再装腔作势。

　　接下来的事，却让爱德华大吃一惊，小姐将他的姓名、住址记录在案，告诉他，他是第 169 位来认父亲的儿子。如果说得明白点，现在已经有 169 个儿子来认爹了，他们要一一审查，确认谁是其中的真儿子。

　　这对爱德华如当头一棒，怎么也没想到，会有这么多和他一样财迷心窍，想认爹的人。

　　当时美国国内，正值人心不古。全社会都在经受着一场信任与诚实的危机，人们对诚信的呼声日渐高涨。

　　事情被一家媒体报道，将这 169 位认爹的人姓名刊登在报纸上，告诉人们，人再贪财，爹是不能乱认的。这时对坟墓尸骨的鉴定也出来了，令人惊奇的是，这 169 位儿子都是假的。坟墓里的尸体已经有一百六十年了，死者的儿子不可能还健在。事情让人哗然。

　　这真是一个耻辱。

　　又是这家慈善机构宣布：如果大家确实想认爹，可以到老年收容所去，他们每人都将得到一个爹。看到如此的闹剧，美国上下深受震动。各界人士纷纷站出来讲话，呼吁诚信，提倡道德，重整人心，号召人们一定要做一个诚实坦白的人，一定要靠自己的劳动创造自己的未来。

　　在那次事件后，爱德华无地自容，非常惭愧。他将那份报纸珍藏起来，金子般地保存着，以警示自己，一定要做一个诚实可信的人。十年后，爱德华成为了全美通信器材界的巨头。当有人问他创业和成功的秘诀时，爱德华坚定而感慨地说："诚实，是诚实帮助了我，它使我懂得了如何做人，使我有了事业并学会了如何待人，大无畏的诚实给了我一切。"一个诚实可信的人，虽然会被人欺骗，常常吃亏，但最终会赢得信誉，受人爱戴，并获得成功。

# 14."利"与"弊"

有一段时间，著名人际关系交往专家卡耐基曾经长期租用纽约一家饭店的大舞厅，用来举办一系列的讲座。

但是在某一季度开始的时候，他突然接到通知，饭店让他付出比以前高出三倍的租金。卡耐基当然不想付这笔增加的租金，可是他知道跟饭店的人争论是没有用处的。几天之后，他亲自去见饭店的经理。

"收到你的通知，我有点吃惊。"卡耐基说，"但我根本不怪你。如果我是你，我也可能发出一封类似的通知。身为饭店的经理，你当然有责任尽可能地使收入增加。现在，我们拿出一张纸来，把你因此可能得到的利弊列出来。"

接着，卡耐基取出一张纸，在中间划了一条线，一边写着"利"，另一边写着"弊"。

他在"利"这边的下面写下"舞厅空下来"几个字，然后说："你把舞厅租给别人开舞会是最划算的，因为像这类的活动，比租给我作讲课场所能增加不少收入。如果我把你的舞厅占用20个晚上来讲课，你的收入当然就要少一些。"

"但是，现在我们来考虑坏的方面。首先，如果你坚持增加租金，你不但不能从我这儿增加收入，反而会减少自己的收入。事实上，你将一点收入也没有，因为我无法支付你所要求的租金，我只好被迫到另外的地方去开这些课。"

"另外，你还有一个损失。这些课程吸引了不少受过教育，修养高的人到你的饭店来，这对你是一个很好的宣传，不是吗？事实上，如果你花费5000美元在报上登广告，也无法像我的这些课程能吸引

77

这么多的人来你的饭店。这对一家饭店来讲，不是损失很大吗？"

卡耐基一面说，一面把这两项坏处写在"弊"的下面，然后把纸递给饭店的经理，说："我希望您好好考虑您可能得到的利弊，然后告诉我您最后的决定。"结果，第二天卡耐基收到一封信，通知他租金只涨 *50%* ，而不是 *300%* 。

# 15. 世界冠军与蚊子

在一场举世瞩目的赛事中，台球世界冠军已走到卫冕的门口。他只要把最后那个 8 号黑球打进球门，凯歌就奏响了。就在这时，不知从什么地方飞来一只蚊子。蚊子第一次落在握杆的手臂上。有些痒，冠军停下来。蚊子飞走了，这回竟飞落在了冠军锁着的眉头上。冠军不情愿地只好停下来，烦躁地去打那只蚊子。蚊子又轻捷地脱逃了。冠军做了一番深呼吸再次准备击球。

天啊！他发现那只蚊子又回来了，像个幽灵似的落在了 8 号黑球上。冠军怒不可遏，拿起球杆对着蚊子拍去。蚊子受到惊吓飞走了，可球杆触动了黑球，黑球当然也没有进洞。按照比赛规则，该轮到对手击球了。对手抓住机会死里逃生，一口气把自己该打的球全打进了。

卫冕失败，冠军恨死了那只蚊子。可惜的是他后来患了重病，再也没有机会走上赛场。临终时他还对那只蚊子耿耿于怀。

# 16. 遭遇水灾

一个人被湍急的河水卷走后，像一片草叶似的顺水而下。这时，那人多么想抓住一样东西，哪怕是一根芦苇、一把水草也好。然而四面都是水，他什么也抓不住，心想这一下算没救了，死就死吧！这个念头一出，身上立时没劲了，也没有力气挣扎了，整个身子也要往下沉。

正在这时，他忽然想起去年夏天来这条河边玩时，离下游不远处的河岸边有一棵老树，是斜着长的，其中有一根粗大的树枝正好贴近水面……一想到这，他心里顿时升起了希望。一有了希望，他心也不慌了，力气也出来了，于是就拼命向前挣扎，终于到了那棵老树前。

当他拼命拽住那伸向河中的树枝时，谁知那树枝早已枯死了，经他使劲一拽，"咔嚓"一声断了……这时，来救他的人也赶到了。事后他说，要是早知道那是一节枯枝，他根本坚持不到那儿。

# 17. 把信带给加西亚

在美西战争期间，美国必须立即跟西班牙的反抗军首领加西亚将军取得联系，而加西亚正在古巴丛林的山里，没有人知道确切的地点，所以无法写信或打电话给他。美国总统必须尽快地获得和他的合作。这时，有人说："有一个叫罗文的人，他有办法找到加西亚。"

当罗文从总统手中接过写给加西亚的信之后，并没有问："他在什么地方？怎么去找？"他经过千辛万苦，在几个星期后，把信交给了加西亚。

就是这么简单的一个故事，但是，它却流传到世界各地。《把信带给加西亚》的作者这样写道：

"像他这种人，我们应该为他塑造不朽的雕像，放在每一所大学里。年轻人所需要的不是学习书本上的知识，也不是聆听他人种种的指导，而是要加强一种敬业精神，对于上级的托付，立即采取行动，全心全意去完成任务——'把信带给加西亚'。

"凡是需要众多人手的企业经营者，有时候都会因为一般人的被动无法或不愿专心去做一件事而大吃一惊，懒懒散散、漠不关心、马马虎虎的做事态度，似乎已经变成常态。除非苦口婆心、威逼利诱地叫属下帮忙，或者除非奇迹出现，上帝派一名助手给他，没有人能把事情办成。

"我钦佩的是那些不论老板是否在办公室都努力工作的人；我也敬佩那些能够把信交给加西亚的人，静静地把信拿去，不会提出任何愚笨问题，也不会存心随手把信丢进水沟里，而是不顾一切地把信送到。这种人永远不会被解雇，也永远不必为了要求加薪而罢工，这种人不论要求任何事物都会获得。他在每个城市、乡镇、村庄，每个办公室、公司、商店、工厂，都会受到欢迎。世界上急需这种人才，这种能够把信带给加西亚的人。"

# *18.* 馓子

西汉时，孙宝担任京兆尹。一天，一个卖油炸馓子的小贩，在城里被一个农民撞了一下，馓子掉在地上，全都碎了。农民认赔 50 个馓子的钱，可卖馓子的坚持说，总共有三百个。馓子全碎了，已不可能再数清真实数量。正当两人相持不下，围观的人都束手无策的时候，孙宝恰好路过，他听说这件事，就叫人去买来一个馓子，称好这个馓子的重量。同时他又叫人把地上的碎馓子全都集中起来，称出它们的总重量，这时，他根据摔碎的馓子的总重量，计算出被摔碎的馓子的个数，最后他叫农民按照计算出来的馓子的数目赔钱

给小贩。孙宝对这件事的处理，令众人交口称赞，卖徽子的小贩也
口服心服。

# 19. 且慢下手

大多数的同仁都很兴奋，因为单位里调来一位新主管，据说是
个能人，专门被派来整顿业务。可是日子一天天过去，新主管却毫
无作为，每天彬彬有礼地进办公室后，便躲在里面难得出门，那些
本来紧张得要死的坏分子，现在反而更猖獗了。

"他哪里是个能人嘛！根本是个老好人，比以前的主管更容易
号！"大家纷纷开始议论。

四个月过去，就在大家对新主管感到失望时，新主管却发威了
——坏分子一律开除，能人则获得晋升。下手之快，断事之准，与
以往保守的他，简直像是全然换个人。

年终聚餐时，新主管在酒过三巡之后致词："相信大家对我新到
任期间的表现，和后来的大刀阔斧，一定感到不解，现在听我说个
故事，各位就明白了：我有位朋友，买了栋带着大院的房子，他一
搬进去，就将那院子全面整顿，杂草树一律清除，改种自己新买的
花卉。某日原先的屋主到访，进门大吃一惊地问：'那最名贵的牡丹
哪里去了？'我这位朋友才发现，他竟然把牡丹当草给铲了。后来他
又买了一栋房子，虽然院子更是杂乱，他却按兵不动，果然冬天以
为是杂树的植物，春天里开了繁花；春天以为是野草的，夏天里成
了锦簇；半年都没有动静的小树，秋天居然红了叶。直到暮秋，他
才真正认清哪些是无用的植物而大力铲除，并使所有珍贵的草木得
以保存。"

说到这儿，主管举起杯来："让我敬在座的每一位，因为如果这

办公室是个花园，你们就都是其间的珍木，珍木不可能一年到头开花结果，只有经过长期的观察才认得出啊！"

# 20. 说不对的话

赵国有一个人大摆筵席，宴请宾客。时近中午，还有几个人未到。他自言自语地说：

"该来的怎么还不来？"一听到这话，有些客人心想："该来的还不来，那么我是不该来了？"于是起身告辞而去。

这个人很后悔自己说错了话，连忙解释说："不该走的怎么走了？"其他的客人心想："不该走的走了，看来我是该走的！"也纷纷起身告辞而去，最后只剩下一位多年的好友。

好友责怪他说："你看你，真不会说话，把客人都气走了。"那人辩解说："我说的不是他们。"好友一听这话，顿时心头火起："不是他们就是我了！"于是长叹了一口气，也走了。

# 21. 盲人与灯

有一位盲人夜间出门，他提着一盏明晃晃的红灯笼走在暗路上。来往行人见他在灯笼相伴下摸索前行的模样，个个觉得好笑又奇怪。

一位路人忍不住上前问道："大哥您眼睛不好使，还打着这灯笼干啥呢？有用吗您？"

"有用，有用，怎么会没用？"盲人大哥认真地回答。

"有啥用处呢？说来听听。"这位路人来劲了，也不经意间说出一句颇有杀伤力的话："你又看不见。"

这时，四周已经聚集了一些好奇的行人，人们都饶有兴趣地想听一番笑话。

没想到，这位盲人抛出这么一个回应："对啊，正因为我看不见你们，我才需要这灯笼给你们这些明眼人提示，怕你们在黑暗中看不见我这个盲人把我撞倒了。"听者无不振聋发聩，个个脑门一亮，心中豁然开朗，大家都被这位盲人的话给折服了。

## 22. 右手比左手大 4%

读小学时，老师们喜欢用"错一个小数点，卫星就不能上天"之类的话发出警告，要我们细心，细心，再细心，尤其在面临大考的时候。这个警告后来演变成我们的口头禅，成了开玩笑、嬉闹时的惯用语。

有一天上课，美术老师偶然听见我们这样说话，很遗憾地摇摇头，说："你们这些孩子，不懂得卫星和小数点的意义，忽视了一个很严肃的道理。"那天恰好学习画人手，老师说："手，看起来不复杂，但我先讲一个故事，之后你们可能就会认真学画了。"

——德国有一家服装厂，每年生产许多手套，都在附近的城市销售，销量一直平稳。有一年，他们得知不远的地方新建了一家专门生产手套的小厂，由于这个小厂业务量不大，对他们似乎没有什么影响，就不太在意。但是，一年后，他们又发现：自己生产的手套在市场上不吃香了，而那个小厂生产的手套几乎占领了 80% 的市场份额……

老师问："你们猜猜，这是为什么？"同学们七嘴八舌地列举了许多理由，老师对其中的部分答案表示肯定，但同时又一再鼓励我们继续猜。十分钟后，教室里没声音了。老师神秘地笑了，说："手套里有一个微小的数字，决定了它是否更讨人喜欢……"

——原来，那家小厂生产的手套，即使同一双，大小都是不一样的：因为大多数人是右撇子，右手通常比左手大 4% 。所以，这种大小不一的手套，戴起来感觉更合适！

"这个 4% 的区别，使小厂获得了 80% 的手套市场份额——听起来是不是很有意思？"

美术老师得意地说："我知道，卫星离你们太遥远，但手套你们总见过吧！记住，以后不要轻易蔑视那些看似细小的事物，它们有时能决定事情的成败！"

# 23. 穿针心理

心理学家们曾做过这样一个实验：在给小小的缝衣针穿线的时候，你越是全神贯注地努力，线越不容易穿入。在科学界，这种现象被称为"目的颤抖"，目的性越强就越不容易成功。

这种现象在生活中并不鲜见。

张师傅是一名杂技演员，脚耍大缸已有多年，可谓驾轻就熟。因为年龄偏大，他决定改行。在告别舞台演出的那天晚上，他把亲戚、朋友都请来观看。然而，正当人们为他精湛的技艺喝彩时，他却"失手"了：因一脚顶偏，偌大的瓷缸重重地砸在他的鼻梁上，他当场昏了过去。

事后有人问他："凭你的技术，怎么会出此意外？"他说："那天，心里总是想，这是自己杂技生涯的最后一场演出，而且请了那么多亲戚、朋友来捧场，一定要表演得很出色，千万不能出错。谁知表演时一走神儿，就出事了。"

从表面上看，很多失手都是偶然的，其实却有其必然性。因为人有这样一个弱点：当对某件事情过于重视时，心理就会紧张。而一紧张，往往就会出现心跳加速、精力分散、动作失调等不良反应。很多人在人生的关口失手，心理紧张与焦虑是重要原因之一。

做每一件事，我们都不能保证百分之百的成功。既然如此，我们何不给失败一个心理准备呢？

我的一位朋友在体育大赛中多次获得乒乓球单打冠军，现已进入国家集训队。有乒乓球爱好者向他请教成功的秘诀，出人预料，他竟告之"成功之前先要做好失败的准备"。他进一步解释说，在进入正式比赛前，事先承认不论怎样做，你不可避免会出现这样那样的失误，做好这样的思想准备就可以减少心理压力，从而取得比赛的成功。他还举例说，在一次全国乒乓球大赛中，他和一位国手争夺冠亚军，国手确实厉害，一上场就先赢了他两局，但由于他在进场前就做好了失败的心理准备，所以没有慌乱，完全放开来打，挺住了，最后反倒是他战胜了国手。

# 24. 在赌场门口经营肠粉

美国西部开发，蜂拥而去的淘金客最后留下"卖水人"三字，成了那些守在重大商机的食物链上，稳守积累微利，步步富裕的人的代名词。

我在澳门见过一家"卖水人"，那是毗邻大赌场的一间小小的粥粉面店。它开在一座大厦的首层，只占着其中的一个间隔，满是"寄人篱下"的意思，门面简单洁净，几乎不事装修，紧挨着大赌场，被大赌场的金碧辉煌衬托得格外寒碜。

从赌场出来的人在"金钱大战"里厮杀得两眼通红，看到这么踏实的生意人家，觉得他们真是呆头呆脑，这样受累有什么意义，赌场里面瞬间就成千上万，仅是一墙之隔，外面竟然有人愿意从 12 元一碟的肠粉里面获利，简直是天方夜谭！

确实，贴近大赌场，里面大进大出的现金流，惊涛拍岸，几乎破墙而来，这间小店无异于惊涛骇浪里的一叶小舟，不知这掌柜的又如何把持得住？

招牌上写着：芝麻酱肠粉 12 元，云吞面 15 元，白灼青菜 8 元，状元甲第粥 10 元……客似云来，生意盈门。进出那里的，都是些什么人呢？都是些希望一下子扭转乾坤，却被乾坤扭转了的人，是些赔光了本的赌客，他们通常西装革履，有的就输剩了一顿粥粉以及回程的路费了。

掌柜的是一对中年夫妇，慈眉善目，有种罕见的心平气和，浑然不觉自己处于风口浪尖，两人平凡守望，同心同德，店里再雇了三四个人，间或还有三个念书的孩子手勤脚快地帮忙。从天亮忙到天黑，再至深夜，等客人一一离去，方才打烊关门，守着淡时三五千、旺时不足万元的流水账，他们心满意足。

有一天，夫妇俩还免收一位客人的餐费。

那是一位豪客，前一天傍晚，正是周末，豪客携着巨款从香港过来，独自闯入赌场厮杀，手运奇佳，几个小时下来，居然净赚了 2 000 万，子夜时分，当他带着巨款正要返港，哪知遇上狂风骤雨，往返港澳两地的飞翔船挂牌停航。这位豪客便从码头原路折回，带着口袋里的千军万马重新杀入赌场，结果遭遇滑铁卢，人仰马翻，黎明时分，2 000 万全部输光不止，还赔进去带来的 1 000 万本钱。

一夜之间，他从富翁变成了穷汉。

天意，天意啊。他一边感叹，一边走入这间小店。

夫妇俩热情地接待了他，劝慰一番。他们见过一夜白头的客人，已经习惯沧桑看云。客人的戏剧性遭遇，使他们倍感平凡日子的真实可贵。

坐在喧嚣市声里，我时时想起那间小店，小店里的夫妻。

卖水人的"小模小样"、"小打小闹"，也是实事求是所致，因为他们本来就是一群穷人，既未接到祖上留下来的大宗遗产，又没有中彩票的运气，所以，只能脚踏实地，出卖智力或体力，从事服务业。

有人在枪林弹雨中跑过，却安然无恙，这不说明轮到你去跑的时候也可以安然无恙。对于大多数星斗小民来说，侥幸发达是一种心理毒素。

荣华富贵人人都想，但是天上掉下来的馅饼，还是让别人去捡吧。卖水人宁愿等待瓜熟蒂落、水到渠成的幸福。

所以，卖水人的生存法则实际上是"放弃第一，选择第二"。他们选择了一种务实低调的处世方式，不因利小而不为。随着年深月久，循序渐进，光阴的重量渐渐显出来，日积月累，乃万物之道。

这样的选择何尝不是一种坚守?! 坚守的结果，就是比不上少部分暴发户，但比大部分淘金客要强。

卖水人其实是另类理想主义者。

# 25. 给芝麻加上糖

香港是一个商业十分发达的社会，许多人都想赚大钱。但是，能够实现这种富豪梦的，毕竟只是极少数的一部分人，而丁老头就是其中之一。虽说他不算是非常有钱的超级富豪，但也身家丰厚。

但无论财富有多少，也战胜不了衰老。幸好，他的儿子也已经长大成人，顺利从美国一所著名的工商大学毕业，即将接手他所开创的这间公司。如何将自己毕生的经验传授给儿子呢? 丁老头陷入了沉思之中。

几天后，丁老头带着儿子离开了公司豪华的办公楼，来到一条破旧的街道。望着儿子迷惑不解的神情，丁老头说道："你想知道我这几十年来做生意的秘诀吗？"

儿子的眼睛立即露出一道亮光，他聚精会神地倾听起来。

这时候，丁老头指着街道旁的一间狭小店铺说道："这是我开办的第一间商店，从这里渐渐发展成今天这家大企业。"

看着狭小的门面，儿子的脸上露出疑惑的神情。这也难怪，谁会相信，一间如此之小的店面，竟能发展成为一家跨国公司。

"你知道一斤芝麻卖多少钱？"丁老头开始问道。

儿子笑着答道："在香港谁都知道，一斤芝麻卖 7 块钱啊。"

"那一斤黄糖呢？"

"嗯，最多也只卖到 3 块钱。"

"那一斤芝麻加上一斤糖，值多少钱呢？"

"这还不简单，一斤芝麻加上一斤糖，正好等于 10 块钱。"

儿子的脸上露出了微笑，他心中的疑惑更深了，为什么父亲会用这样简单的数学题来考自己呢？但丁老头摇摇头说道："不对。"

丁老头接着说道："如果你做芝麻糖来卖，一斤芝麻加上一斤糖，就可以卖出 20 块钱。"到这时，儿子才恍然大悟。

# 26．一扇不上锁的门

一个刚刚破产、一文不名的年轻人游荡到了另一座城市，饥寒交迫之际便萌生了邪念。他将目光瞄向了紧靠公路的一所民宅。他敲了两下门，没人。正欲破门而入之际，屋子里突然传来一个苍老的声音："门没闩，自己开门进来吧。"他霎时有些沮丧，只得硬着头皮走进屋里。

"我十分口渴，想找点水喝。"他急中生智地撒谎道。

"好，那你请自便吧。"老人转过脸来笑容可掬地说。

突然间，他看到了老人那双空洞的眼睛——原来他竟是一位盲人！他想，真是老天开眼，第一次行动就遇到了这么绝佳的机会！他一边心不在焉地应和着老人，一边将目光迅速在屋内游移。很快，他发现了掖在枕下的一些钱，慌忙揣进怀里就要往外走。正一脚门里一脚门外之际，老人忽然又开口说话了："抽屉里有几个苹果呆会儿你拿些路上吃吧。"

霎时，这句话竟让他无所适从，不由退回来诧异地问："老人家，你对我这么信任，难道你不怕我是个坏人？"老人突然呵呵笑了起来："年轻人，对别人的好坏是不可妄下断语的。可以先假定他是一个好人，即使再坏也不至于无可救药呀！再说，我在这道口都住一辈子了，还从没遇见过坏人呢。"

老人这番毫不设防的信任像一面镜子一下子让他看到了内心的丑恶。他的心灵受到了一次前所未有的震动：别人如此相信我是个好人，我为什么要做坏事呢？他将那些钱重新放回枕下，深深地谢别老人之后，决定返回城里从一名打工仔做起。

因为他对身边的每一位同事都十分信任，所以他不仅赢得了可靠的友情，为自己创造了十分宽松的交际空间，做起工作来总是游刃有余。现在他已荣升为营销总监，成为叱咤风云的商界奇才。

# 27. 最贵的蛋是"笨蛋"？

在三（1）班里，他的成绩是倒数第一。同学们也常取笑他，说头大不中用。每天放学后值日生搞卫生，他都会主动地留下来帮忙倒垃圾。更绝的是，白天上课，每隔两节课，他就会条件反射地把垃圾桶拿到洗手台前认真洗刷。原先最脏臭的角落，因为阿瓜的负责变成了教室里最醒目的净土。

他总是微笑着，并纯真地看别人以怪异复杂的眼光看自己。

有一次，老师出了一个脑筋急转弯的问题：世界上最贵的蛋是什么蛋？

有人说是金蛋，有人说是原子弹，有人说是脸蛋，这时，阿瓜也举手发言，高兴地说："是笨蛋，因为大家都叫我笨蛋。"

同学们笑了，老师没有笑，她走过去轻拍阿瓜的脑袋说："是的，你最贵！"

阿瓜的母亲每天放学后都会骑摩托车到校门口接他。一个冬天下雨的傍晚，在回家的路上，阿瓜看见一位踽踽独行的同学，他知道该同学的家离学校较远，便央求妈妈顺道载那位同学回家。可惜因机车后坐装了个铁篮子，无法再多载一个人而作罢。回家后，妈妈忙着在厨房做饭，却隐隐约约听见门外传来一阵奇怪的声音，出门一看，原来阿瓜正在满头大汗地用老虎钳拆掉铁篮子……

妈妈深深地叹了口气，但眼里却涌出了泪花。

# 28．服装店

小张在北京开了一家服装店，由于忙不过来，请了老家的堂妹来帮忙，工资一月600元，管她吃住。

时间久了，每当小张去订货，老觉得堂妹靠不住，心想：她会不会在价格上作梗，趁自己不在时，明明卖了高价说卖低价呢？

这样经过了一个月，小张累垮了，终于想出病来了。最后堂妹也看出了小张的怀疑，回家不干了。

小张的服装店也关门了。

# 29. 渔夫的命运

有一个贫穷的老渔夫，整天起早贪黑地辛苦劳作，以捕鱼谋生。但是，一天下来，收获不多，总是只能捕到一两条小鱼。他把鱼拿到市场上去卖，得到的钱也只够养活自己和妻子。

有一次，老渔夫像往常一样去捕鱼，他刚在岸边坐下，不知从哪儿飞来了一只鸟。这不是普通的鸟，而是一只奇怪的、又大又美丽的鸟。人们叫它"加赫卡"。

"加赫卡"蹲在树上，一直看着老渔夫。

过了许久许久，渔夫才捕到一条小鱼。"加赫卡"问渔夫："老大爷，您拿这条小鱼去做什么?"

渔夫回答说："我把它拿到市场上去，卖来的钱给我们老两口买粮度日。"

"加赫卡"非常同情老渔夫，对他说："从今以后，我将在每天傍晚给你送来一条大鱼，它卖得的钱比较多，这样，你们两位老人就可以不再过贫穷、痛苦的生活了。"

老渔夫高兴万分，非常感激"加赫卡"。

从此，"加赫卡"每天飞到渔夫的院子里来，给他带来一条很大很大的鱼。老渔夫把大鱼一块块切好、煎熟，然后拿到市场上去卖，挣得了许多钱。渔夫发了财，再也不愁吃喝了，甚至还有多余的。

有一天，渔夫像往常一样到市场上去卖鱼。这时，来了一个皇帝的传令兵，他大声叫喊着："谁能告诉我在哪儿可以捉到'加赫卡'，那么，他将得到半个国家，还可以娶皇帝的女儿做妻子。"

渔夫从自己的座位站起来，想告诉传令兵，在哪儿可以找到

"加赫卡"。但是，转念一想：正是"加赫卡"把自己从饥饿中拯救出来的，千万不能说啊！于是，他又坐了下去。

"要是能得到半个国家，那该多好呵！"渔夫自言自语着，不觉又站了起来。

就这样，站起来，又坐下，约有三、四次。

渔夫古怪的行动引起了传令兵的注意。于是，传令兵抓住渔夫，把他带到了皇帝那儿。

皇帝对渔夫说："我的眼睛失明了，任何药物都不能使我恢复视力。有个名医告诉我："如果能用'加赫卡'的血涂眼睛的话，就可以治好我的眼病。如果你帮助我捉住"加赫卡"。我将把我的国家的一半送给你。"

渔夫没有犹豫就回答说："'加赫卡'每天傍晚都会飞到我的院子里来并送给我一条大鱼。"

皇帝兴奋地说："那你就去抓住它！"

"不行，'加赫卡'是只神鸟，力大无比，我一个人对付不了它，如果要抓住它就需要 100 多个人。"渔夫说。

"我将派给你 400 个我的仆人，你把他们藏在'加赫卡'常停留的大树周围，他们将帮助你抓住'加赫卡'。"皇帝说。

"不，'加赫卡'是不容易抓住的，必须想个巧妙的办法。让我用好吃的东西诱骗它飞到地上来，这样才能捉住它。"渔夫回答。于是，老渔夫把 400 个仆人藏在大树四周，在树下的草地上放着各种美味可口的食物，等候"加赫卡"的到来。

过了一会儿，"加赫卡"飞来了。渔夫对它说："亲爱的'加赫卡'，我万分感激你给我带来富裕、幸福的生活，今天，我特备了美味可口的食物答谢你，请你留下来享用吧！"

"加赫卡"心想：老渔夫突然要招待我，他的用意是什么？但又想到这个衰弱的老头儿还能搞什么名堂呢！在渔夫一再请求下，"加赫卡"从树上飞下来，蹲在他身边。

渔夫指着"加赫卡"面前丰盛的食物说："亲爱的'加赫卡'，请你尝尝我亲手为你做的这些东西吧。"但是，当"加赫卡"刚伸嘴从碗中啄食时，渔夫一把抓住它的双脚高声大叫："快来呵！快来！我抓住它了！"

皇帝的400名仆人应声而起，从四面八方扑向"加赫卡"。

愤怒的"加赫卡"挥动自己强壮有力的翅膀，向高空飞腾。可是，渔夫还是紧紧抓住"加赫卡"的双脚不放，继续大声叫喊："我抓住了！我抓住了！"有个皇帝的仆人想要阻挡渔夫被"加赫卡"带往高空中去，他跳起来抓住渔夫的脚。第二个仆人见到他的同伙将被带往天空时，也跳起来抱住了同伙的脚。就这样，第三个抱住第二个的脚，第四个抱住第三个的脚，第五个抱住第四个的脚……于是，渔夫和皇帝的400个仆人一个抱住一个，被"加赫卡"带向蓝天，像一串铁链似的悬吊在空中。

这时，渔夫低头往下一看，吓得头昏眼花，浑身瘫软，不觉双手一松，就朝地面跌落下来。于是，所有的仆人跟着渔夫坠落在一片大岩石上，全都粉身碎骨，受到了应得的惩罚。

# 30. 让出住房的侍者

一天夜里，已经很晚了，一对年老的夫妻走进一家旅馆，他们想要一个房间。前台侍者回答说："对不起，我们旅馆已经客满了，一间空房也没有剩下。"看着这对老人疲惫的神情，侍者又说："但是，让我来想想办法……"

这个文学的侍者富有人性和爱心，他当然不忍心深夜让这对老人出门另找住宿。而且在这样一个小城，恐怕其他的旅店也早已客满打烊了，这对疲惫不堪的老人岂不会在深夜流落街头？于是好心的侍者将这对老人引领到一个房间，说："也许它不是最好的，但现在我只能做到这样了。"老人见眼前其实是一间整洁又干净的屋子，就愉快地住了下来。

第二天，当他们来到前台结账时，侍者却对他们说："不用了，因为我只不过是把自己的屋子借给你们住了一晚——祝你们旅途愉快！"原来如此。侍者自己一晚没睡，他就在前台值了一个通宵的夜班。两位老人十分感动。老头儿说："孩子，你是我见到过的最好的旅店经营人。你会得到报答的。"侍者笑了笑，说这算不了什么。他送老人出了门，转身接着忙自己的事，把这件事情忘了个一干二净。没想到有一天，侍者接到了一封信函，打开看，里面有一张去纽约的单程机票并有简短附言，聘请他去做另一份工作。他乘飞机来到纽约，按信中所标明的路线来到一个地方，抬眼一看，一座金碧辉煌的大酒店耸立在他的眼前。原来，几个月前的那个深夜，他接待的是一个有着亿万资产的富翁和他的妻子。富翁为这个侍者买下了一座大酒店，深信他会经营管理好这个大酒店。这就是全球赫赫有名的希尔顿饭店首任经理的传奇故事。

# 31. 高度与门

有一天动物园管理员们发现袋鼠从笼子里跑出来了，于是开会讨论，一致认为是笼子的高度过低。

所以它们决定将笼子的高度由原来的十公尺加高到二十公尺。

结果第二天他们发现袋鼠还是跑到外面来，所以他们又决定再将高度加高到三十公尺。

没想到隔天居然又看到袋鼠全跑到外面，于是管理员们大为紧张，决定一不做二不休，将笼子的高度加高到一百公尺。

一天长颈鹿和几只袋鼠们在闲聊，"你们看，这些人会不会再继续加高你们的笼子？"长颈鹿问。

"很难说。"袋鼠说："如果他们再继续忘记关门的话！"

## 32. 猴子的试验

美国加利福尼亚大学的学者做了这样一个实验：把6只猴子分别关在3间空房子里，每间两只，房子里分别放着一定数量的食物，但放的位置高度不一样。第一间房子的食物就放在地上，第二间房子的食物分别从易到难悬挂在不同高度的适当位置上，第三间房子的食物悬挂在房顶。数日后，他们发现第一间房子的猴子一死一伤，伤的缺了耳朵断了腿，奄奄一息。第三间房子的猴子也死了。只有第二间房子的猴子活得好好的。

究其原因，第一间房子的两只猴子一进房间就看到了地上的食物，于是，为了争夺唾手可得的食物而大动干戈，结果伤的伤，死的死。第三间房子的猴子虽做了努力，但因食物太高，难度过大，够不着，被活活饿死了。只有第二间房子的两只猴子先是各自凭着自己的本能蹦跳取食，最后，随着悬挂食物高度的增加，难度增大，两只猴子只有协作才能取得食物，于是，一只猴子托起另一只猴子跳起取食。这样，每天都能取得够吃的食物，很好的活了下来。

## 33. 我是陈阿土

陈阿土是台湾的农民，从来没有出过远门。攒了半辈子的钱，终于参加一个旅游团出了国。国外的一切都是非常新鲜的，关键是，陈阿土参加的是豪华团，一个人住一个标准间。这让他新奇不已。早晨，服务生来敲门送早餐时大声说道："Good morning!"陈阿土愣住了。这是什么意思呢？在自己的家乡，一般陌生人见面都会问："您贵姓?"于是陈阿土大声叫道："我叫陈阿土!"如是这般，连着三天，都是那个服务生来敲门，每天都大声说："Good morning sir!"而陈阿土亦大声回道："我叫陈阿土!"但他非常的生气。这个服务生也太笨了，天天问自己叫什么，告诉他又记不住，很烦的。终于他忍不住去问导游，"Good morning sir!"是什么意思，导游告诉了他，天啊!! 真是丢脸死了。陈阿土反复练习"Good morning sir!"这个词，以便能体面地应对服务生。又一天的早晨，服务生照常来敲门，门一开陈阿土就大声叫道："Good morning sir!"与此同时，服务生叫道："我是陈阿土!"

# 34. 纪昌学箭

纪昌向飞卫学射箭，飞卫没有传授具体的射箭技巧，却要求他必须学会盯住目标而眼睛不能眨动，纪昌花了两年，练到即使椎子向眼角刺来也不眨一下眼睛的工夫。

飞卫又进一步要求纪昌练眼力，标准要达到将体积较小的东西能够清晰地放大，就像在近处看到一样。纪昌苦练三年，终于能将最小的虱子看成车轮一样大，纪昌张开弓，轻而易举地一箭便将虱子射穿。飞卫得知结果后，对这个徒弟极为满意。

# 35. 老鹰之绝唱

很多年前，有一只威严的老鹰，独自一个居住在一座直冲云霄的山崖上。有一天，它觉得自己死期已近，就大喊一声，把住在山岭较低处的儿子们召唤前来。当它们来齐后，它一个接一个地看了它们一番，然后说道：

"我已经抚育了你们，将你们拉扯大，使你们能够直视日光，直冲蓝天，会应对各种艰难的险阻。你们兄弟中那些面孔不能忍受日光辐射的，我就让它们饿死了。为了这个原因，你们理应比所有别的鸟都飞得更高。那些还想活命的，是不会袭击你们的鹰巢的，所有的动物都将畏惧你们，你们千万别去伤害那些尊敬你们的动物，你们应该允许它们分享你们吃剩的残羹。

"现在我就要离开你们了。但我不会死在我的巢里，我将飞得非常高，远到我的翅膀能够带我去得到的高空，我将展翅高飞向太阳道别，让猛烈的日光烧掉我老了的羽毛。然后我将向大地直落下来，掉进大海。但是总有一天，我会再从海中飞起来，开始我另一段生命旅程，背着一个新使命重回蓝天。记住，孩子们，这才是我们鹰的命运"。

说着这番话，老鹰飞上天空，它庄严威武地围绕着它儿子站立的高山飞翔，跟着，它突然拧转身子，向那将烧掉它老迈疲倦的翅膀的炎阳飞去。

# 36. 我是这辆汽车的司机

一辆载满乘客的公共汽车沿着下坡路快速前进着，有一个人后面紧紧地追赶着这辆车子。一个乘客从车窗中伸出头来对追车子的人说："老兄！算啦，你追不上的！"

"我必须追上它，"这人气喘吁吁地说："我是这辆车的司机！"

# 37. 决斗的意义

一个魔鬼来到一个村庄。他看见这个村庄富饶丰裕，就住下来，每天偷鸡摸狗，害得大家不得安宁。村长华来决心找魔鬼决斗，为村民除害。

有一天，华来在草原上走，寻找魔鬼。迎面碰到一个人，他们互相问好后，对方问：

"你往哪里去？"

"我去寻找魔鬼。"村长回答。

"为了什么？"对方问。

"我想除掉它，解救村民。"村长答道。

这时对方说："我就是魔鬼。"

村长一听，就向它冲过去，双方打了起来。华来终于战胜了魔鬼，把它打倒在地，接着拔出短刀，准备下手。但魔鬼止住了他，说：

"村长，且慢下手，你可以杀死我，但先听我说几句话。"

"说吧。"村长说。

"你杀死我没有一点好处，"魔鬼说，"如果你饶了我，你就有好处。"

"有什么好处?"村长华来问。

"你让我活命，我保证每天早晨在你枕头下放 20 卢比。这样，一直到你生命的最后一天。"魔鬼说。

村长华来一听到这话，就马上动摇了，想：我打死它，真的有什么好处? 它又不是世界上唯一的一魔鬼，魔鬼有千千万万。我饶了它的命，每天就可以得到 20 卢比! 于是，华来同魔鬼订了协议，放走魔鬼。

第二天早晨，华来发现枕头底下真的有 20 卢比。村长心里大喜。

这样，持续了一个星期，村长对谁也没有说过这件事。

有一天早晨，村长醒了，手伸到枕头下摸钱，但没有一个钱。村长感到纳闷，心想，大概是魔鬼忘记了，明天它一定会放好两天的钱的。

但是，第二天枕头底下还是没有钱。华来又等了一天，还是没有钱。这时村长冒火了，就出去寻找魔鬼。

在同一草原上的同一地方，他们又相遇了。

"喂，骗子!"村长对魔鬼说，"你是怎么对待我的?"

"我得罪了你什么?"魔鬼问。

"你保证每天给我 20 卢比，起先我倒是每天收到的，可是现在，我已连续几天没收到钱了。"

"村长啊，"魔鬼回答说，"我一连几天给你钱，后来不给了，你不满意的话，我们再来决斗。"

村长华来相信自己的力量，因为已战胜过魔鬼一次。这一次，魔鬼举起村长，摔在地上，并且坐在他的胸上，拿出短刀，准备下手。

这时，村长说：

"魔鬼，你可以杀死我，但请允许我提一个问题。"

"提吧。"魔鬼答应了。

"一个星期之前，我们碰面后进行了较量，我胜了你，为什么现在我们两个都毫无变化，你却战胜了我？"

"原因是第一次你是为了正义的事业同我决斗的。而这一次，你找我是为了要钱，为了个人复仇，所以我轻易地战胜了你。"

# 38. 大师的鞋带

有一位表演大师上场前，他的弟子告诉他鞋带松了。

大师点头致谢，蹲下来仔细系好。等到弟子转身后，又蹲下来将鞋带解松。

有个旁观者看到了这一切，不解地问："大师，您为什么又要将鞋带解松呢？"

大师回答道："因为我饰演的是一位劳累的旅者，长途跋涉让他的鞋带松开，可以通过这个细节表现他的劳累憔悴。"

"那你为什么不直接告诉你的弟子呢？"

"他能细心地发现我的鞋带松了，并且热心地告诉我，我一定要保护他这种热情的积极性，及时地给他鼓励，至于为什么要将鞋带解开，将来会有更多的机会教他表演，可以下一次再说啊。"

# 39. 蚂蚁与蝉

一阵秋风过后，天上下起了哗哗的秋雨。随着秋雨的飘洒，绿色的树叶、青青的小草，都被洗成了黄色。

太阳出来了，蚂蚁兄弟们便忙了起来。他们先来到树下，将树上落下的果子用刀切成小块，然后整整齐齐地摆在树下，晒成干，最后一点点地运回到自己的家中。

此时，草籽都已成熟，在草下铺了一层，这是多么好的食物啊，只要收起来，运回家里，随时都可以吃。

啊，蚂蚁家的粮仓真大啊！那里存了许许多多好吃的东西。

但蚂蚁兄弟仍然四处去寻找食物，让自己的粮仓满些，再满些。

汗水沿着蚂蚁兄弟们的脸往下淌，他们的衣服都被汗水浸透了，但它们还不休息。

这时，悠哉一夏天的蝉飞了过来。他看到蚂蚁累得那副模样，便对它们说：

"蚂蚁兄弟，又在忙碌啊！看看我，你们什么时候才能像我一样潇洒呢！夏天我唱歌，秋天我还唱歌。

说着，蝉飞到蚂蚁的身边，抬起脚展开翅膀，多美的一个舞姿，它自己欣赏着。但忙碌的蚂蚁兄弟却没有听到蝉的讲话。

在整个夏天，蝉悦耳的声音如阳光一般洒在林地的每个角落。

秋天一过去，冬天就来了。

漫天的大雪将一切都掩盖了。好冷的天啊！树枝被冻得发出响声，大地被冻得裂出缝隙。

天冻了，地冻了，一切都冻了。

这一天，冬天的太阳升上了天空。太阳将无限的金光洒在雪地上，远远看去宛如一片金色的海。

冬天里也会有欢乐的日子。蚂蚁兄弟抓住这大好时机，运出粮仓里有些受潮的粮食，仔细地晾晒着。

这时，秋天曾见到蚂蚁兄弟运粮的那只蝉飞了过来。

再看这只蝉，它不再是秋天时那么精神了，翅膀软了，脚没有力气了。原来它已经好多天没有东西吃了。但它仍快乐地对蚂蚁兄弟说：

"好兄弟们，马上我就要和你们告别了，我活不过冬天，也就不会看到春光的来临！啊！春天是多么美好啊！"

蚂蚁兄弟们对它说：

"你为什么不在夏天存点粮食呢？"

蝉回答说：

"我的职责是唱歌，我们蝉是为唱歌而生的。"

"那你为什么不在秋天存粮呢？"

"即使到死，我也不能放弃我神圣的职责，我也不能让其他事来占用我唱歌的时间。"

蚂蚁兄弟们若有所思地说：

"我们生来就有不同的追求啊！"

蝉不久就死了，蚂蚁们为它修了一个墓。

# 40. 表演杂技

有一位顶尖级的杂技高手，一次，他参加了一个极具挑战的演出，这次演出的主题是在两座山之间的悬崖上架一条钢丝，而他的表演节目是从钢丝的一边走到另一边。杂技高手走到悬在山上钢丝的一头，然后注视着前方的目标，并伸开双臂，慢慢地挪动着步子，终于顺利地走了过去。这时，整座山响起了热烈的掌声和欢呼声。

"我要再表演一次，这次我要绑住我的双手走到另一边，你们相信我可以做到吗？"杂技高手对所有的人说。我们知道走钢丝靠的是双手的平衡，而他竟然要把双手绑上。但是，因为大家都想知道结果，所以都说："我们相信你的，你是最棒的！"杂技高手真的用绳子绑住了双手，然后用同样的方式一步、两步终于又走了过去。"太棒了，太不可思议了！"所有的人都报以热烈的掌声。但没想到的是杂技高手又对所有的人说："我再表演一次，这次我同样绑住双手然后把眼睛蒙上，你们相信我可以走过去吗？"所有的人都说："我们相信你！你是最棒的！你一定可以做到的！"

杂技高手从身上拿出一块黑布蒙住了眼睛用脚慢慢地摸索到钢丝，然后一步一步地往前走，所有的人都屏住呼吸为他捏一把汗。终于，他走过去了！表演好像还没有结束，只见杂技高手从人群中找到一个孩子，然后对所有的人说："这是我的儿子，我要把他放到我的肩膀上，我同样还是绑住双手蒙住眼睛走到钢丝的另一边，你们相信我吗？"所有的人都说："我们相信你！你是最棒的！你一定可以走过去的！"

"真的相信我吗？"杂技高手问道。

"相信你！真的相信你！"所有的人都说。

"我再问一次，你们真的相信我吗？"

"相信！绝对相信你！你是最棒的！"所有的人都大声回答。

"那好，既然你们都相信我，那我把我的儿子放下来，换上你们的孩子，有愿意的吗？"杂技高手说。

这时，整座山上鸦雀无声，再也没有人敢说相信了。

# 41. 船工的机智

　　从前，有一个船老板，非常贪婪、小气。甚至付给船工的工资，也要骗取过来。沿伊洛瓦底江上下来回一次，航程要两三个月。在整个旅途中，船老板供给船工伙食，实际工资要到航程结束的时候才付给，所以工资相当多。每次航程到最后一天，船老板就要花招或挑动船工和他打赌。船工中容易上当受骗的人往往工资被他骗得精光。

　　有一次航行，到最后一天，船队停泊在一个村庄旁。一月的河水还像冰一样寒彻骨髓。

　　船老板说："我想跟你们当中的硬汉子打个赌，假使他能够不穿衣服而在水里呆一整夜，我就把这个船队作为赌注输给他。条件是不能以任何方式取暖，如果输了，你们将没有工资。怎么样？有人敢站出来吗？"

　　所有的船工都是体格强壮的硬汉子。在通常情况下，他们会很乐意地同意打赌的。但是，他们事先已得到告诫，知道他们的老板鬼点子多，因此许多人不跟他赌。

　　然而，有一个船工，是一个固执的人，他自认为比船老板更狡猾，同意打赌。这个船工脱掉衣服，跳下了水。因为气温低，冷得牙齿咯咯发响，身体也冻得直哆嗦。但是，他坚持着，留在水里。好几个小时过去，天已接近黎明。这时候，正如船老板预料的，河对岸已有几个渔夫起身，在草屋前点着一个火堆，暖和暖和身体，以便天亮时出去捕鱼。船老板瞧着不吭声。隔了一会儿，他大声叫道："船工，你作弊了。你正在利用河对岸的火暖身。你破坏打赌规矩，你输了。"

"火堆在河对岸，"船工愤怒地答道："一里外的火光，我怎么能得到一点暖气？"

"火就是火，"船老板回答说，"只要看得见，火光就给你暖气了。你因为破坏规矩，打赌输了。"

"好吧！"船工回答道，不再提出任何异议。

船工上船，穿好衣服同其他船工坐在一起。"你们也许认为，"他说，"我输掉了工资，是一个傻瓜。虽然我在有些事情上是一个笨蛋，但是烤猪蹄我是能手，谁也比不上。甚至我们聪明的船老板也不懂得怎样烤好猪蹄子。"

船老板因为用他想出来的花招赢了船工，正在自鸣得意。现在，就是这个船工居然说他蠢得不会烤猪蹄子，他可受不了。"我才赢了你的工钱，"他带着赢家的那种傲慢口气说，"可你却说我不懂得如何烤猪蹄子。"

"你也许会烤其他牲畜的肉，"船工答道，"不过，老板，我肯定你不懂怎样烤猪蹄。"

船老板气愤地斥道："废话，我岂会不懂怎样烤猪蹄？我可以跟你打赌。"

船工答道："我有几只猪蹄，是昨天从一艘食品船上买的，可以给你拿去烤。如果你能把这几只猪蹄烤好，我情愿在7年内像奴隶般地伺候你。但是，如果你烤不好，你得把所有的船都给我。这是一个公平的打赌。假使你认为你真的能烤猪蹄，你得同意打赌。"

船老板说："我同意。"

船工把猪蹄取来后说："这几只猪蹄给你，去烤吧。"

船老板问："火在哪里？"

船工惬意地答道："河对岸有一堆火。"

船老板气愤地说："可是有一里路远呐！"

船工答道："火就是火，你不是说过吗？既然这堆火能给我暖热，那当然该灼热得可以让你烤猪蹄了。现在，我知道你是不懂怎样烤猪蹄了。所以，打赌我赢了，全部的船都是我的了！"船老板不认输，把事情告到了法院。不用说，审判官的判决是支持船工的。

# 42. 被污染的文字

　　格德约是加拿大一家公司的普通职员。有一天，他在办公室里不小心碰翻一个瓶子，瓶子里装的液体泼在一份正待复印的重要文件上。格德约十分着急，心想这下闯祸了，文件上被污染的文字不可能再看清了！他拿起文件来仔细查看，结果既出乎意料，又令人高兴。文件上被液体污染的部分，其字迹竟依然清晰。当他拿去复印时，又一个意外情况出现在他眼前：复印出来的文件，被液体污染过而字迹依然清晰的那个部分，竟又变成了一块块漆黑一团的黑斑，这使他由喜转忧。在他为如何消除文件上的黑斑绞尽脑汁却又一筹莫展的时候，他头脑里突然冒出一个针对"液体"和"黑斑"的倒过来的念头：自从有了复印机，人们不是常在为怎样防止文件被盗印的事发愁吗？是不是可以以这种"液体"为基础，颠倒一下，化不利作用为有利作用，研制出一种特殊的能防止盗印文件的特殊的液体来呢？

　　他念头一出，就立志研究。经过一段时间的努力，他最后推向市场的不是一种液体，而是一种深红色的防影印纸。这种纸能吸收复印机里的灯光，使复印出来的文件一片漆黑，什么也看不清，因而用这种纸书写的文件是不能复印的。但是用这种纸写字或打印，却不受任何影响。1983 年格德约在蒙特利尔市开办了一家名叫"加拿大无拷贝国际公司"的企业，专门生产这种防影印纸。尽管这种纸的价格昂贵，但销路却很好。

# 43. 重题"天下第一关"

明朝万历年间，中国北方的女真为患。皇帝为了要抗御强敌，决心整修万里长城。当时号称天下第一关的山海关，却早已年久失修，其中"天下第一关"的题字中的"一"字，已经脱落多时。万历皇帝募集各地书法名家，希望恢复山海关的本来面貌。各地名士闻讯，纷纷前来挥毫，但是依旧没有一人的字能够表达天下第一关的原味。皇帝于是再下昭告，只要能够雀屏中选的，就能够获得最大的赏赐。经过严格的筛选，最后中选的，竟是山海关旁一家客栈的店小二，真是跌破大家的眼镜。

在题字当天，会场被挤得水泄不通，官家也早就备妥了笔墨纸砚，等候店小二前来挥毫。只见主角抬头看着山海关的牌楼，舍弃了狼毫大笔不用，拿起一块抹布往砚台里一沾，大喝一声："一"，十分干净利落，立刻出现绝妙的一字。旁观者莫不给予惊叹的掌声。有人好奇地问他能够如此成功的秘诀。他被问之后，久久无法回答。后来勉强答道：其实，我想不出有什么秘诀，我只是在这里当了三十多年的店小二，每当我在擦桌子时，我就望着牌楼上的"一"字，一挥一擦就这样而已。

原来这位店小二，他的工作地点，正好面对山海关的城门，每当他弯下腰，拿起抹布清理桌上的油污之际，刚好这个视角，正对准"天下第一关"的一字。因此，他不由自主地天天看、天天擦，数十年如一日，久而久之，就熟能生巧、巧而精通，这就是他能够把这个"一"字，能够临摹到炉火纯青，惟妙惟肖的原因。

# 44. 盲人的希望

一位年轻的盲人，弹得一手好三弦琴。由于看不见光明，他一生的最大愿望就是能够在有生之年，能够睁开眼睛看看这个五彩缤纷的世界。

他一边弹着三弦，一边遍访天下名医，但是没有一个人有办法治好他的眼睛。

有一天，他遇到一个道士，像以往他遇到的许多人一样，他向这个道士询问治疗眼睛的办法。

道士对他说："我这里正好有一个能治好眼睛的药方。但是，我这个方逢'千'才能见效，你是弹三弦的，那从现在开始，你得弹断一千根弦才能打开它，否则这只是一张白纸。"

这位年轻琴师带了一位也是双目失明的小徒弟开始云游四方，尽心尽意地以弹唱为生，一直十分小心地计算着到底弹断了多少根弦。

一天又一天，一年又一年，光阴似箭，日月如梭，在他弹断了第一千根弦的时候，这位已经变为老人的琴师迫不及待地将那张一直藏在怀里的药方拿了出来，去请眼睛好的识字人看看上面写着的是什么药方……

明眼人接过药方看了又看，什么也没有发现，只好对他说："这是一张白纸，上面什么也没有。"

琴师听了，潸然泪下——

他突然明白了老道士"弹断一千根弦"的意义：这是给他一个"希望"，这个希望支持他尽情地弹下去，他就这样轻轻松松地整整弹了 53 年的时光。

这位老人对自己的徒弟说自己重见光明了，然后，他把这张白纸郑重其事地交给了他那也是渴望能够看见光明的弟子。

他拍着徒弟的肩膀说："我这里有一张保证能够治好眼睛的药方，不过，你得弹断一千根弦才能打开这张纸。现在你可以去收徒弟了。去吧，去游走四方，尽情地弹唱，直到那第一千根琴弦断光，就有了答案。"

# 45. 锁定目标

有一位父亲带着他的三个孩子，到沙漠里去猎杀骆驼。

他们到达了目的地。父亲首先问老大："你看到了什么呢？"

老大回答："我看到了猎枪、骆驼，还有一望无际的沙漠。"父亲摇摇头说："不对。"父亲以相同的问题问老二。

老二回答："我看到了爸爸、大哥、弟弟、猎枪、骆驼，还有一望无际的大沙漠。"父亲又摇摇头说："不对。"父亲又以相同问题问老三。

老三回答："我只看到了骆驼。"父亲高兴地点点头说："答对了。"

# 46. 买房子

有一个警察叫罗伊，在他的日常巡逻中，他总是习惯性地去拜访一位住在一座令人神往的、占地500平方米建筑中的老绅士。从那栋建筑物往外望就是一座山谷，老人在那儿度过大半生，他非常喜欢那儿的视野，可以看到葱葱郁郁的树林和清澈的河流。

罗伊每周都会拜访老人一次两次，当他来访时，老人都会请他喝茶，他们坐着闲聊，或者就在花园里散一会儿步。有一次的会面令人悲伤。老人泪流满面地告诉警察，他的健康状况已经很差，他必须卖掉他漂亮的房子，搬到疗养院去。

罗伊忽然产生一个疯狂的念头，希望能够用一种创造性方法买下这巨宅。

老人想将这栋没有设抵押的房子卖 30 万美元，而罗伊只有 3000 美元。当时每月要付 500 美元房租，警员待遇还算过得去，但对老人和这名充满希望的警察而言，想要找个好主意让他们成交似乎很难，除非将爱的力量也算进账户里。

罗伊想起一个老师说的话——找出卖方真正想要的东西给他。他寻思许久，终于找到答案。老人最牵挂的事就是将不能再在花园中散步了。

罗伊说："要是你把房子卖给我，我保证会每个月一两次接你回到你的花园，坐在这儿，和我一起散步，就像往日一样。"

老人微笑了，笑中充满爱与惊异。老人要罗伊写下他认为公平的条件让他签署。罗伊愿意付出他所有的钱。原来的卖价要 30 万，而罗伊的现金只有 3000。卖方将 29 万 7 千元设定第一顺位抵押权，每月付 500 元利息。老人很快乐，他还送罗伊礼物，把整个屋子的古董家具都给他，包括一架孩子玩的大钢琴。

罗伊不可思议地赢得经济上的胜利，真正的赢家却是快乐的老人和他们之间的亲密关系。

# 47. 换位思考

英国的蒙哥马利将军在第三次世界大战中，每当战斗开始，他总是要把敌军统帅的照片放在自己的办公桌上。他说，他看着对手的照片就会经常问自己：如果我处在他的位置上，现在我会做什么？他认为，这对他做到知己知彼大有好处。

第二次世界大战末期，苏军突击部队抵达离柏林不远的奥得河时，出现了与后继部队脱节，人员和物资供应不上的危急情况。这时，朱可夫对他的坦克集团军司令卡图科夫说："假如你是德军柏林城防司令官古德里安，手中拥有 23 个师，其中有 7 个坦克师和摩托化师，朱可夫现已兵临城下，而后继部队还在离柏林 150 公里之外，在这种态势下，你会怎么行动？"卡图科夫回答说："那我就用坦克部队从北面攻打，切断你的进攻部队。"朱可夫听后连说："对啊！对啊！这是古德里安唯一的好机会。"于是，他命令第一坦克集团军火速北上，果然一举歼灭实施侧翼反击的德军，保证了柏林战役的胜利。

# 48. 不同的区别

从前，有一只青蛙住在京都。

"京都真是好地方啊！"京都青蛙说，"可是，据说大阪那地方又大又繁荣，真想到大阪去玩一趟。对了，好事快做，我得趁着年轻力壮，赶快行动。"说着，京都的青蛙背起饭盒，向大阪开始了它的旅行。

在大阪也住着一只青蛙。有一天，这只青蛙说："大阪真是个既热闹又繁荣的地方啊！不过，据说京都是个古都，是一个非常漂亮的地方，真想到京都去玩一趟。对了，说走就走，我得马上上路。"说完，它准备好饭盒，然后，把饭盒挂在脖子上，朝京都方向开始了它的旅行。

在京都或大阪之间有一座高山。京都的青蛙和大阪的青蛙就分别从北边和南边攀登这座高山。要是不翻越这座高山的话，就无法到京都或大阪去。

"啊，观赏大阪多么快活啊！"京都的青蛙一个劲儿地攀登着说。

"啊，观赏京都多么快活啊！"大阪的青蛙也一个劲儿地攀登着说。

它们正从两个不同的方向紧张地攀登着。于是，两只青蛙很自然的在山顶上碰头了。

"你好，你好！"

"呀，你好，你好！"

两只青蛙热情地打着招呼。

"你拿着饭盒上哪儿去啊？"

"我来自京都，听说大阪很好玩，想去见识一下。你拿着饭盒到哪儿去啊？"

"呀，不瞒你说，我是大阪的，我想到京都走一趟。"

"啊，是吗？辛苦，辛苦。"

"噢，彼此，彼此。"

两只青蛙这么说着。

"那么，就让我在山上眺望一下大阪吧！"京都的青蛙说。

"那么，也让我在山上眺望一下京都吧！"大阪的青蛙说。

于是，两只青蛙踮起脚尖，仔细地眺望着远处的城市。

"怎么，原来大阪是个和京都一模一样的地方啊！嗨，早知道这样，又何必特地赶来逛呢。"

京都的青蛙刚说完，大阪的青蛙也叫了起来：

"哎，怎么搞的，原来京都是个和大阪一模一样的地方啊！嗨，早知如此，又何必特地赶来逛呢。"

因为它俩都踮起了脚尖，所以长在它们脑袋瓜上的眼睛，就都各自望着自己原来居住的城市。

这时，两只青蛙肚子饿了，它们在山上打开带来的饭盒，匆匆地吃完以后就说：

"既然如此，我们就回去吧！"

于是，两只青蛙便各自朝着自己的家乡走去。

从这以后，京都的青蛙一直到老都这样给大家讲："大阪原来是个和京都一模一样的地方啊！"

大阪的青蛙呢，也是一直到老都这样给大家讲："京都原来是个和大阪一模一样的地方啊！"

自从那以后，大阪的青蛙从不去京都，京都的青蛙也再不去大阪。

# 49. 市场买货

张三和李四是一对要好的朋友，两个人平时没事就相约闲逛，溜溜古玩市场，顺便淘点宝贝。这次他们到了一座古城。到了目的地后，李四在客栈里喝茶看书，张三到街上闲逛，他看到路边有一个老妇人在卖一只玩具猫。

老妇人对他说，这只玩具猫是祖传宝物，因为儿子病重无钱医治，不得已才将它卖掉。张三随手拿起玩具猫，发现猫身很重，似乎是用黑铁铸就的。猛然间，张三发现，那一对猫眼是用珍珠做成的，他为自己的发现欣喜若狂，赶紧问老妇人这只玩具猫要卖多少钱。老妇人说，因为要为儿子医病，所以300元便卖。

张三说："那么我就出100元买这两只猫眼吧？"

老妇人在心里合计了一下，认为也比较合适，就答应了。张三回到旅店，兴奋地对李四说："我仅仅花了100元就买下了两颗大珍珠，真是不可思议。"

李四发现两只猫眼的的确确是罕见的大珍珠，便询问事情的经过。听完张三的讲述，李四立即放下手中的书，跑到街上，找到了那位老妇人，要买那只玩具猫。老妇人说："猫眼已经被别人先买去了，如果你要买，就给200元吧。"

李四付钱将玩具猫买了回来。"你怎么花200元去买一只没眼珠儿的玩具猫啊？"张三嘲笑他。

李四并不在意，反而向店小二借来一把小刀，刮开猫的一个脚。黑漆脱落后，居然露出灿灿的黄色，他兴奋不已地大喊道："果然不出我所料，这玩具猫是纯金的啊！"

当年这只玩具猫的主人，一定怕金身暴露，便将它用黑色漆了一遍。后悔不已的张三问李四是如何发现这个秘密的。李四笑道："你虽然能发现猫眼是珍珠的，但你没有想到，猫眼既然是珍珠做成的，那么它的全身会是不值钱的黑铁所铸吗？"

# 50. 狩猎

瑞士的乔尔吉·朵麦斯特拉尔是狩猎爱好者。一次，他去猎兔，钻进灌木丛中。可是兔子溜走了，他十分扫兴地从灌木丛中出来时，发现裤子上粘满了苍耳子，而且粘得很牢。他想：能不能利用苍耳子粘裤子的原型，发明一种能开能粘的带子。这就得搞清苍耳子为什么能粘在裤子上。他用放大镜仔细观察，原来苍耳子的小刺尖上都有个倒钩，苍耳子就是凭这些倒钩粘在裤子上的。弄清了这个机理，他发明出"贝尔克洛钩拉粘附带"，这就是一贴就能粘附住，一拉又能脱开的尼龙布带。乔尔吉申请了专利，组建了公司，成了年收入几千万元的实业家。如今，这种尼龙粘附带已经广泛地使用于服装、轻工、军工等领域。

# 51. 找到垫脚的东西

蓝天白云下，牛在河边吃草，牧人在挤奶，三只正在嬉戏的青蛙一不小心掉进了鲜奶桶中。第一只青蛙说："我真倒霉，好端端的掉进牛奶里，难怪今天一早眼皮就跳个不停。"然后它就盘起后腿，一动不动等待着死亡的降临，不一会就被牛奶淹死了。

第二只青蛙说："桶太深了，凭我的跳跃能力，是不可能跳出去了。今天死定了。"它试着挣扎了几下，感觉到一切都是徒劳无益的，于是，在绝望之中沉入桶底淹死了。

第三只青蛙环顾四周说："真是不幸！但我的后腿还有劲，如果我能找到垫脚的东西，就可以跳出这可怕的桶！"

但是，桶里只有滑滑的牛奶，根本没有可支撑的东西，虽然拼命地挣扎，但是一脚踏空，便又落入黏糊糊的牛奶中。它也曾经想放弃，像它的同伴一样安静地躺在桶底，但是，一种求生的欲望支撑着它一次又一次地跳起来……慢慢地，它感觉到下面的牛奶硬起来——原来在它拼命的搅拌下，鲜奶变成了奶油块。在奶油块的支撑下，这只青蛙奋力一跃，终于跳出了奶桶。

## 52. 诗人与钟表匠

有一位才华出众的年轻诗人，创作了很多抒情诗篇，但人们都不喜欢读，于是他很苦恼。因为，他觉得自己不是一个成功的人，他并不怀疑自己的创作才华，可这到底是怎么一回事呢？于是，他去向父亲的朋友——一位老钟表匠请教。

老钟表匠听后一句话也没说，把他领到一间小屋里，里面陈列着各式各样的名贵钟表。这些钟表，诗人从来没有见过。有的外形像飞禽走兽，有的会发出鸟叫声，有的能奏出美妙的音乐……

老钟表匠从柜子里拿出一个小盒，把它打开，取出了一只样式特别精美的金壳怀表。这只怀表不仅样式精美，更奇异的是，它能清楚地显示出星象的运行、大海的潮汛，还能准确地标明日期。这简直是一只"魔表"，世上到哪儿去找呀！诗人爱不释手，他很想买下这个"宝贝"，就开口问表的价钱。老人微笑了一下，并未说价钱，只要求用这"宝贝"，换下诗人手上那只普普通通的表。

诗人如愿以偿地得到了"宝贝"，他对这块表珍爱至极，吃饭、走路，睡觉都戴着它。可是，不久他便到老钟表匠那儿要求换回自己原来那块普通手表。老钟表匠故作惊奇，问他对这样珍异的怀表还有什么感到不满意的。

诗人遗憾地说："它不会指示时间，可表本来就是用来指示时间的。我戴着它，不知道时间，要它还有什么用处呢？有谁会来问我大海的潮汛和星象的运行呢？这表对我实在没有什么实际用处。"

老钟表匠微微一笑，把表往桌上一放，拿起了这位诗人的诗集，意味深长地说："年轻的朋友，让我们努力干好各自的事吧。你应该记住：怎样给人们带来用处。"

诗人这时才恍然大悟，从心底里明白了这句话的深刻含义。

人生的精彩不在于你能否成功，而在于你是否能够成为一个有用的人，并为自己的存在而骄傲。被人们认为迄今为止最有智慧的人的杰出代表——爱因斯坦，曾告诉我们："不要努力去做一个成功的人，而是要努力去做一个有价值的人。"他不仅为我们指明了一个人生发展的方向，而且也教会了我们一种正确对待人生的方式。

# 53. 美丽的收藏

从前，田野里住着田鼠一家。夏天快要过去了，他们开始收藏坚果、稻谷和其他食物，准备过冬。只有一只田鼠例外，他的名字叫做弗雷德里克。

"弗雷德里克，你怎么不干活呀？"其他田鼠问道。

"我在干活呀！"弗雷德里克回答。

"那么，你收藏什么东西呢？"

"我收藏阳光、颜色和单词。"

"什么？"其他田鼠吃了一惊，相互看了看，以为这是一个笑话，笑了起来。

弗雷德里克没有理会，继续工作。

冬季来了，天气变得很冷很冷。

其他田鼠想起了弗雷德里克，跑去问他："弗雷德里克，你打算怎么过冬呢，你收藏的东西呢？"

"你们先闭上眼睛。"费雷德里克说。

田鼠们有点奇怪，但还是闭上了眼睛。弗雷德里克拿出第一件收藏品，说："这是我收藏的阳光。"

昏暗的洞穴顿时变得晴朗，田鼠们感到很温暖。

他们又问："那你收藏的颜色呢？"

弗雷德里克开始描述红的花、绿的叶和黄的稻谷，那么生动，田鼠们仿佛真的看到了夏季田野的美丽景象。

他们又问："那么，你的那些单词呢？"

弗雷德里克于是讲了一个故事，田鼠们听得入了迷。

最后，他们变得兴高采烈，欢呼雀跃："弗雷德里克，你真是一个诗人！"

永恒的价值永远存在于精神的层面之中，因为所有的物质财富都会消亡，而精神财富却会得以传承，与天地同在，与日月争辉。财富、地位、名望都会随着时间的流逝而不复存在，只有精神的力量能够穿越时空，于风尘中散发出历久弥新的光芒。因此，面对人生，精神财富远比物质财富更重要。

# 54. 最昂贵的物品

一天中午，埃德蒙先生刚进客厅，就听见楼上的卧室有轻微的响声。

"有小偷！"埃德蒙先生急忙冲上楼。果然，一个大约 *13* 岁的陌生少年正在那里拨弄小提琴。他头发蓬乱，脸庞瘦削，不合身的外套里面好像塞了某些东西。毫无疑问，他是一个小偷。埃德蒙先生用结实的身躯挡在了门口。

这时，埃德蒙先生看见少年的眼里充满了惶恐、胆怯和绝望。愤怒的表情顿时被微笑所代替，他问道："你是埃德蒙先生的外甥吗？我是他的管家。前两天，埃德蒙先生说你要来，没想到来得这么快！"

那个少年先是一愣，但很快就回应说："我舅舅出门了吗？我想

118

先出去转转，待会儿再回来。"埃德蒙先生点点头，然后问那位正准备将小提琴放下的少年："你也喜欢拉小提琴吗？"

"是的，但拉得不好。"少年回答。

"那为什么不拿着琴去练习一下，我想埃德蒙先生一定很高兴听到你的琴声。"他语气平缓地说。少年疑惑地望了他一眼，但还是拿起了小提琴。

临出客厅时，少年突然看见墙上挂着一张埃德蒙先生在歌德大剧院演出的巨幅彩照，身体猛然抖了一下，然后头也不回地跑远了。

埃德蒙先生确信那位少年已经明白是怎么回事了，因为没有哪一位主人会用管家的照片来装饰客厅。

那天黄昏，回到家的埃德蒙太太察觉到异常，忍不住问道："亲爱的，你心爱的小提琴坏了吗？"

"哦，没有，我把它送人了。"埃德蒙先生缓缓地说道。

"送人？怎么可能！你把它当成了你生命中不可缺少的一部分。"埃德蒙太太有些不相信。

"亲爱的，你说的没错。但如果它能够拯救一个迷途的灵魂，我情愿这样做。"看见妻子并不明白他说的话，他就将白天发生的事告诉了妻子，然后问道："你觉得这么做有什么不对吗？""你是对的，希望你的行为真的能对这个孩子有所帮助。"妻子说。

三年后，在一次音乐大赛中，埃德蒙先生应邀担任决赛评委。最后，一位叫里特的小提琴选手凭借雄厚的实力夺得了第一名！评判时，埃德蒙先生一直觉得里特似曾相识，但又想不起在哪里见过。

颁奖大会结束后，里特拿着一只小提琴匣子跑到埃德蒙先生的面前，脸色绯红地问："埃德蒙先生，您还认识我吗？"埃德蒙先生摇摇头。"您曾经送过我一把小提琴，我一直珍藏着，所以才有了今天！"里特热泪盈眶地说："那时候，几乎每一个人都把我当成垃圾，我也以为自己彻底完了，是您让我在贫穷和苦难中重新拾起了自尊，心中再次燃起了改变逆境的熊熊烈火！今天，我可以无愧地将这把小提琴还给您了……"

里特含泪打开琴匣，埃德蒙先生一眼瞥见自己的那把小提琴正静静地躺在里面。他走上前紧紧地搂住了里特，三年前的那一幕顿时重现在埃德蒙先生的脑海，原来他就是"埃德蒙先生的外甥"！埃德蒙先生眼睛湿润了，少年没有让他失望。

再昂贵的物品贵不过一颗心灵，人生中最贵重的物品当属心灵！如果有一天，需要将一个人的命运与我们心爱的物品放在一起权衡，埃德蒙先生用他的行动告诉我们：通过拯救心灵去改变一个人的命运远比获取的物质财富更珍贵。

# 55. 魔力钱袋

有一个穷人住在一间很破的屋子里，他穷得连床也没有，只好躺在一张长凳上。

穷人自言自语地说："我真想发财呀，如果我发了财，绝不做吝啬鬼……"这时候，上帝在穷人的身旁出现了，说道："好吧，我就让你发财吧，我会给你一个有魔力的钱袋，这钱袋里永远有一块金币，是拿不完的。但是，你要注意，在你觉得够了时，要把钱袋扔掉才可以开始花钱。"

说完，上帝就不见了。在穷人的身边，真的出现了一个钱袋，里面装着一块金币。穷人把那块金币拿出来，里面又有了一块。于是，穷人不断地往外拿金币。穷人一直拿了整整一个晚上，已有一大堆金币了。他想：啊，这些钱已经够我用一辈子了。

到了第二天，他很饿，很想去买面包吃。但是，在他花钱以前，必须扔掉那个钱袋。于是，他拎着钱袋向河边走去。可当他想把钱袋扔掉时，却觉得钱还不够多。他又开始从钱袋里往外拿钱。日子一天天过去了，穷人完全可以去买吃的、买房子、买最豪华的车子，可是，他对自己说："还是等钱再多一些吧。"

他不吃不喝，只顾拿金币，金币已经快堆满一屋子了。可他变得又瘦又弱，头发也白了，整个人也很憔悴。

即使这样，他还硬撑着虚弱的身体说："我不能把钱袋扔掉，金币还在源源不断地出来啊！"终于，他倒了下去，死在了他那破烂的、堆满金币的屋子里。

对金钱的崇拜使穷人迷失了方向，失去了宝贵的生命。从这个可悲可叹的故事中，我们应该明白价值观的决定作用。培养正确的价值观，注意远离不良价值观的诱导，选择冷静的生活态度，不要滋生贪婪之心，合理看待金钱的价值，才能保持正确的人生方向。

# 56. 一份遗嘱

一个冬天的晚上，狄更斯的妻子不慎把皮包丢在了一家医院里。因为皮包内装着 10 万美金和一份十分机密的市场信息，狄更斯焦急万分。

当狄更斯赶到那家医院时，他一眼就注意到，一个冻得瑟瑟发抖的瘦弱女孩靠着墙根蹲在走廊里，在她怀中紧紧抱着的正是妻子丢落的那个皮包……

原来，这个叫琼斯的女孩是来这家医院陪妈妈治病的。卖了所有能卖的东西，想了所有可以想到的办法，可凑到的钱仍然不够妈妈继续治病，明天她们就得被赶出医院。近乎绝望的琼斯一个人在医院走廊里徘徊。就在这时，一位夫人不小心将皮包掉在了地上却毫无知觉。琼斯走过去捡起皮包，急忙追出门外，可是那位夫人却已不见踪影。

当琼斯回到病房，打开那个皮包时，娘儿俩都被包里成沓的钞票惊呆了。用这些钱可能会治好妈妈的病，可是妈妈却让琼斯把皮包送回走廊去，等丢皮包的人回来取，琼斯默然同意。虽然她知道妈妈很需要那笔钱来治病，但是她更理解妈妈的为人和品性。

狄更斯感激不已，毫不犹豫地出钱为琼斯的妈妈治病。虽然医院尽了最大的努力，还是没能挽救琼斯母亲的生命。由于母女俩的善良之举，狄更斯不仅失而复得那 10 万美金，更因那份市场信息而生意兴隆，成了身价倍增的富翁。他决定收养琼斯。

被收养的琼斯读完大学后，协助狄更斯料理商务。富商的智慧和经验潜移默化地影响着琼斯。在长期的历练中，琼斯也成了一个杰出的商业人才。

狄更斯临危之际，留下这样一份遗嘱："我收养琼斯既不为知恩图报，也不是出于同情，而是请了一个做人的楷模。有她在我的身边，生意场上我会时刻铭记哪些该做、哪些不该做，什么钱该赚、什么钱不该赚。这就是我后来事业发达的根本原因。"

"我死后，我的亿万资产全部留给琼斯。"

"我深信，我聪明的儿子能够理解爸爸的良苦用心。"

狄更斯从国外回来的儿子仔细看过父亲的遗嘱后，毫不犹豫地在财产继承协议书上签了字："我同意琼斯继承父亲的全部资产，只请求琼斯能做我的夫人。"琼斯看完富翁儿子的签字，略一沉吟，也提笔签了字："我接受先生留下的全部财产——包括他的儿子。"

价值观不同的人行为作风迥然相异。生活中，有的人拾金不昧，有的人却见利忘义，根本的原因在于他们的价值观不同。见利忘义的人看重的是暂时的物质利益，但却忽略了珍贵的精神财富，而拾金不昧之人正好与之相反。

# 57. 黄金与金发

从前有一个非常富有的国王，名叫米达斯。他拥有的黄金之多，超过了世上任何人。尽管如此，他仍认为自己拥有的黄金还不够多。他把黄金藏在皇宫里面的几个大地窖中，每天都在那里待很长时间清点自己有多少黄金。

米达斯国王有一个小女儿叫马丽格德。国王非常喜欢自己的女儿，他告诉她："你将成为世界上最富有的公主！"

但是马丽格德对此不屑一顾。与父亲的财富相比，她更喜欢花园中的鲜花与金色的阳光。她大部分时间都是一个人自己玩，因为父亲为获得更多的黄金和清点自己有多少黄金忙得不可开交。

一天，米达斯国王又来到他的藏金屋。他反锁上大门，将金子堆到桌子上，开始用手抚摸，让黄金从指缝间滑落而下，微笑着倾听它们的碰撞声，仿佛那是一首美妙的曲子。突然，一个人影落到那堆金子上面。他抬起头，发现一个身着白衣的陌生人正对着他笑。米达斯国王吓了一跳，他明明记得把门锁上了呀！陌生人继续对着他微笑。

"你有许多黄金，米达斯国王。"他说道。

"对，"国王说道，"但与全世界黄金的总量相比，那又显得太少了！"

"什么？你还不满足吗？"陌生人问道。

"满足？"国王说，"我当然不满足。我经常夜不能寐，想方设法获得更多的黄金。我希望我摸到的任何东西都能变成黄金。"

"你真的希望那样吗，米达斯陛下？"

"我当然希望如此了，其他任何事情都难以让我那样高兴。"

123

"那么你将实现你的愿望。明天早晨，当第一缕阳光透过窗户射进你的房间，你将获得点金术。"

陌生人说完便消失了。米达斯国王揉了揉眼睛。"我刚才一定是在做梦。"他说道，"如果这是真的，我该有多高兴啊！"

第二天，米达斯国王醒来时，房间里晨光熹微。他伸手摸了一下床罩，什么也没有发生。"我知道那不是真的。"他叹了口气。就在这时，清晨的阳光透过窗户射进房间。米达斯国王刚才摸过的床罩变成了纯金的。"这是真的，是真的！"他兴奋地喊道。

他跳下床，在房间里跑来跑去，见什么摸什么。他正穿着的长袍、拖鞋和屋里的家具都变成了金子。他透过窗户，向马丽格德的花园望去。"我将给她一个莫大的惊喜。"他自言自语道。他来到花园中，用手摸遍了马丽格德的花朵，把它们都变成了金子。"她一定会很高兴。"他想。

他回到房间，等着吃早饭。当他拿起昨天晚上看过的书时，书就变成了金子。"我现在无法看这本书了，"他说道，"不过让它变成金子当然更好。"

这时，房门开了，小马丽格德手里拿着一支玫瑰花走了进来。他伸开双臂，抱住女儿……他突然痛苦地喊了起来——女儿那漂亮的脸蛋变成了金灿灿的金子，她不再是一个可爱的、爱笑的小女孩了，她已经变成了一尊小金像。

米达斯低下头，大声哭泣起来。

"你高兴吗，陛下？"一个声音问道。他抬起头，看到那个陌生人站在他身旁。

"高兴？你怎么能这样问！我是世界上最不幸的人！"国王说道。

"你掌握了点金术，"陌生人说道，"那还不够吗？"

米达斯国王仍低头不语。

"在女儿与这些金子之间，你更愿意要哪一个？"

"噢，把我的小马丽格德还给我，我愿放弃所有的金子!"国王说道，"我已经失去了应该拥有的东西。"

"你现在比过去明智多了，米达斯国王，"陌生人说道，"请你跳到从花园旁边流过的那条河中，取一些河水，洒到你希望恢复原状的东西上吧。"说完，陌生人就消失了。

米达斯立刻跳起来，向小河跑去。他跳进去，取了一罐水，然后急忙返回皇宫，把水洒到马丽格德身上。她的脸蛋逐渐恢复了血色，她睁开那双蓝眼睛。"啊，父亲!"她说道，"发生了什么事?"

米达斯国王高兴地叫了一声，把女儿抱到怀中。

"不要为了金子而失去应该拥有的东西。"这是米达斯国王通过这件事悟出的道理。从那以后，米达斯国王再也不喜欢金子了，他只钟爱金色的阳光与马丽格德的金发。

如果在这个世界上，我们最爱的、最在乎的人变成了金子一样的雕塑，我们拥有的财富又有什么意义? 很多时候，我们被利益或其他的原因蒙蔽了双眼，忽视了那些在我们生命中最有价值的人，那就是：我们所爱的人。珍惜我们所爱的人吧，不要等到为时已晚的时候，才后悔莫及。

# 58. 百万美元也换不来的价值

老人在河边散步，看到一位年轻人站在那里唉声叹气。

"孩子，你遇到了什么不开心的事情吗?"老人关切地问。

年轻人看了老人一眼，叹了口气："我是一个名副其实的穷光蛋。我没有房子，没有太太，没有工作，整天饥一顿饱一顿地度日。怎么能高兴得起来呢?""傻孩子，"老人笑道，"其实，你应该开怀大笑才对!"

"开怀大笑？为什么？"年轻人不解地问。

"你不知道你自己就是一个百万富翁呢！"老人有点儿神秘地说。

"百万富翁？您别拿我这穷光蛋寻开心了。"年轻人不高兴了。

"我怎敢拿你寻开心？孩子，现在你能回答我几个问题么？"

"什么问题？'

"假如，现在我出 20 万美元买走你的健康，你愿意么？"

"不愿意。"年轻人摇摇头。

"假如，现在我再出 20 万美元买走你的青春，让你从此变成一个小老头儿，你愿意么？"

"当然不愿意。"年轻人干脆地回答。

"假如，我再出 20 万美元买走你的容貌，让你从此变成一个丑八怪，你愿意么？"

"不愿意！当然不愿意。"年轻人的头摇得像个拨浪鼓。

"假如，我再出 20 万美元买走你的智慧，让你从此浑浑噩噩，度此一生，你愿意么？"

"傻瓜才愿意！"

"别急，请回答完我最后一个问题：假如现在我再出 20 万美元，让你去杀人放火，让你从此失去良心，你可愿意？"

"天啊！干这种缺德事，魔鬼才愿意！"年轻人愤愤地回答道。

"好了，刚才我已经开价 100 万美元了，仍然买不走你身上的任何东西，你说你不是百万富翁，又是什么？"老人微笑着问。

年轻人一下子明白了其中的真谛，他面带微笑地离开了，因为他相信等待着他的是崭新的人生。为了我们能够健康成长，我们需要有坚定的价值观来为我们的人生导航！我们每一个人都应树立起这样的价值观：青春、智慧、健康、良心是任何财富都无法替换的。如果出卖了这些珍贵的东西，无论拥有了多少财富，我们也是一贫如洗的。

# 59. 石头与陶罐

有一位陶工制作了一个精美的彩釉陶罐，为了确保安全，他把它放在了地下室里。

陶罐认为主人把自己放错了地方，整天唉声叹气地抱怨说："我这么漂亮，这么精致，为什么不把我放到皇宫里作为收藏品呢？即使摆放到商店展出，也比待在这儿强啊！"

陶罐底下的石头听了忍不住劝它说："这儿不是也挺好吗？我比你待的时间还久呢。"

陶罐听了讥讽石头说："你算什么东西？只不过是一块垫脚石罢了，你有我这么漂亮的外表么？和你在一起我真感到羞耻。"

石头争辩说："我确实不如你漂亮好看，我生来就是做垫脚石的，但在完成本职任务方面，我不见得比你差……"

"住嘴！"陶罐愤怒地说，"你怎么敢和我相提并论！你等着吧，要不了多久，我就会被送到皇宫成为收藏品……"它越说越激动，不小心摇晃了一下，"哗啦"倒在地上，摔成了一堆碎片。

一年一年过去了，世界发生了许多变化。一个又一个王朝覆灭了，陶工的房子也早已倒塌了，石头和那堆陶罐碎片被埋在了荒凉的泥土中。

许多年以后的一天，人们来到这里，掘开厚厚的泥土，发现了那块石头。

人们把石头上的泥土刷掉，石头便露出了晶莹的颜色。"啊，这块石头可是一块价值连城的宝玉呢！"一个人惊喜地说。

"谢谢你们！"石头兴奋地说，"我的朋友陶罐碎片就在我的旁边，请你们把它也挖掘出来吧，它一定闷得受不了了。"

人们把陶罐碎片捡起来，翻来覆去查看了一番，说："这只是一堆普通的陶罐碎片，一点价值也没有。"说完就把这些陶罐碎片扔进了垃圾堆。

对自我价值的不同认识，将导致不一样的生活状态。青少年在成长过程中的很多心理问题就是因为没有正确地认识自己。社会是一个大舞台，要想在这个舞台上当一个好演员，首先就应当对自我价值有一个正确的认识。根据自己的素质、才能、兴趣和环境条件，确立自己的角色，摆正自己的位置，选择自己的奋斗方式，这样才能体现出自己的价值。

# 60. 没有马甲的乌龟

有一只乌龟在沙滩上晒太阳，几只螃蟹爬过来，它们看到乌龟背上的甲壳，便嘲笑道："瞧瞧，那是一只什么怪物啊，身上背着厚厚的壳不说，壳上还有乱七八糟的花纹，真是难看死了。"

乌龟听后，觉得很羞愧，因为它自己早就痛恨这身盔甲，可这是娘胎里带出来的，它无法改变，只能把头缩进壳里，眼不见、耳不听，还能落得个清静。

谁知螃蟹们见乌龟不反抗，便得寸进尺："哟，还有羞耻心呢，以为把头缩进去，就能改变你一出生就穿破马甲的命运吗？"乌龟没有应答，螃蟹自讨没趣，于是走了。

乌龟等螃蟹们走后，伸出头，迈动四肢，找到一处礁石，把它的背部在礁石上不停地磨，想磨掉那件给它带来耻辱的破马甲。

终于，乌龟把背磨平了，马甲不见了，但弄得全身鲜血淋漓，疼痛不堪。

这天，东海龙王召集文武百官开会，宣布封乌龟家族为一等伯爵，并令它们全体上朝叩谢圣恩。

在乌龟家族里，龙王一眼就瞧见了那只已没有马甲的乌龟，大怒道："你是何方妖怪，胆敢冒充乌龟家族成员来受封！"

"大王，我是乌龟呀！"

"放肆，你还想骗我，马甲是你们龟类的标志，你连标志都没有，已失去了乌龟的本色，居然敢说自己是乌龟！"说完，龙王大手一挥，虾兵蟹将们就将这只没有了马甲的乌龟赶出了龙宫。

这只可怜的小乌龟并不知晓自己背上的马甲的价值，最后将自己弄得面目全非，被赶出乌龟家族。

个人品性的锻炼应该从认识自我开始。我们怎么看待自己，不但影响自己的态度和行为，也影响我们看待他人的方式。我们处处以他人为镜子，将使自己失去个性，最终迷失自我。

一个人若迷失自我，就没有做人的尊严，就不能获得别人的尊重。事实上，正如世上没有两片完全相同的树叶一样，也没有两个人是完全相同的。我们每一个人在这世上都是独一无二、独具特色的。我们自身就有无穷的宝藏，何不快乐地保持自己的本色，认清自我价值呢？所有的美丽均来自于我们身上的特有气质，而非效仿的结果。我们需要在遵守团体规则的前提下保持自我本色，不人云亦云、不亦步亦趋，做最好的自己。展现自我风采，实现自我价值，相信我们会活得更精彩。万事万物都有特别的价值，不同的人有不同的特质，每个人都是独一无二的，不一样的人有属于自己的、和别人不一样的精彩。我们只需做真实的自己，活出自我本色，就能实现自己的生命价值。

# 61. 小小的心安草

有一天，一个国王独自到花园里散步，花园里所有的花草树木竟然全都枯萎了，园中一片荒凉，使他万分诧异。

后来国王了解到，原来橡树由于没有松树那么高大挺拔，因此轻生厌世死了；葡萄哀叹自己终日匍匐在架上，不能直立，不能像桃树那样开出美丽可爱的花朵，于是也死了；牵牛花也病倒了，因为它叹息自己没有紫丁香那样芬芳；其余的植物也都垂头丧气，没精打采，只有很渺小的心安草在茂盛地生长。"小小的心安草啊，别的植物全都枯萎了，为什么你还这么勇敢乐观，毫不沮丧呢?"国王问道。

"国王啊，我一点也不灰心失望。因为我知道，如果国王您想要一棵橡树，或者一丛葡萄、一棵桃树、一株牵牛花、一株紫丁香等，您就会叫园丁把它们种上，而我知道您寄希望于我的就是要我安心做小小的心安草。"小草回答说。

安于自身角色，实现自我应有的价值，不好大喜功，这是心安草的性格品质，也是心安草名字的由来。让我们也做一棵小小的心安草吧，抛开无谓的虚荣和攀比，踏踏实实地扮演好自己的角色，努力成为一个优秀的人。

# 62. 师父的草籽

三伏天，禅院的草地枯黄了一大片。

"快撒点草籽吧，好难看哪!"小和尚说，"等天凉了……"

师父挥挥手："不用等天凉，随时!"

于是师父买了一包草籽，叫小和尚去播种。

秋风起，草籽边撒、边飘。"不好了! 好多种子都被吹跑了。"小和尚大喊。

"没关系，吹走的多半是空的，就算撒下去也发不了芽。"师父说，"随性!"

撒完种子，跟着就飞来几只小鸟啄食。"要命了! 种子都被鸟吃了！"小和尚急得跳脚。

"没关系！种子多，吃不完！"师父说，"随遇！"

半夜一阵骤雨，小和尚一大早便冲进禅房："师父！这下真完了！好多草籽被雨水冲走了！""冲到哪儿，就在哪儿发芽。"师父说，"随缘！"

一个星期过去了，原本光秃秃的地面，居然长出许多青翠的草苗，一些原来没播种的角落，也泛出了绿意。

小和尚高兴得直拍手。师父点头："随喜！"

人的性格是多元化的，只有淡定从容，我们才有可能看到人生错综复杂的表象下所隐藏的生命本真的一些东西，我们才更能体悟到生命的奥妙与美好之处。

# 63. 礼物

他推着那辆崭新的"安琪儿"慢慢走着，想起女儿看到这辆自行车时将有的欢呼雀跃，他不由自主地笑了。他知道一辆自行车对女儿的意义。

女儿很不幸，他总是这么认为。在她最需要母爱的时候，却失去了母亲。那时，他就暗暗发誓，今后，他会将他此生所有的爱都交给女儿，女儿将是他的唯一，将会是他所有的财富，他定会让女儿享受到别人所能享受的全部。

他只是一家小工厂的小工人，每月那点可怜的收入除了父女俩的生活费后所剩无几。别的孩子一年四季总有新衣服穿，女儿却一年到头总穿着那件洗得发白了的校服；别的孩子可将大把大把的钱扔进电子游戏室，而女儿仅有的娱乐是帮那个几年前花一块五毛钱买的洋娃娃梳梳头；别的孩子每天都是坐在饭桌前便有饭吃，可女儿却差不多负担了所有的家务活……这一切，使他对女儿产生了一种深深的内疚感：女儿弱小的双肩本不该承受这一切呀！

"没妈的孩子真可怜。"一听到邻里这样议论，他心里就像被针扎着一样疼。"爸爸对不起你。"他曾对女儿这样说。"不，爸爸。别人有的我都不稀罕，可我有的，别人却永远无法得到，我得到了一个天下最好的爸爸的爱。"女儿却是这样回答他的。那一夜，他落泪了。

是的，他太对不起女儿了，他曾发过誓要让女儿成为最幸福的人，可事实上，他却连一个孩子应该享受的最起码的生活都不能保障！"总有一天我会证明的，有新衣服穿并没什么了不起！"女儿说到了，也做到了，他为有一个这样的女儿而骄傲。每一次的考试，每一次的学科竞赛，女儿总是第一。他不知道别人家里是怎样来表达自己的自豪感，是怎样来庆祝的，他能做的，就是让女儿吃上一顿她爱吃的菜。

女儿快 15 岁了。"等你再拿到一个第一，爸爸买辆自行车送你。"女儿的眼睛亮了一下，随即又黯淡了下来。"不，爸爸，我真的不需要。"虽然女儿这样说，但他明白，一辆自行车对女儿的意义。

上小学时，别的孩子总有车接送，他却只能每天牵着女儿的小手陪她走到学校。现在女儿上了中学，不用他送了，可他知道，学校离家更远了，别的孩子都骑自行车，可女儿……每当刮风下雨，女儿回来总是一身泥水一脸疲惫，他见了不知多心疼。也曾有个好心的同学用自行车载女儿回家，在路上却遇见了交警，那同学被罚了 10 元钱，女儿从此便不再让同学载。她的心里有一种对同学深深的愧疚感。女儿那个年龄的孩子，总爱把所有的责任都往自己身上推，况且，女儿是个自尊心很强的人。他也曾每天给女儿 5 毛钱让她乘公共汽车，女儿收下后却在他生日那天送了他一双不很名贵却足以让他珍惜一辈子的皮鞋，女儿也知道，他太需要一双皮鞋了。

女儿真的很乖。他为有这样的女儿而骄傲。

这次考试后，他发现女儿沉默了许多，考试成绩也迟迟没有告诉他，他隐隐猜出几分，却什么也没问。他决定了，无论如何，他一定会在女儿生日那天实现自己的承诺。

今天，就是女儿 15 岁的生日，一大早，女儿出乎意料地主动给他看了成绩，那是一个比以往任何一次考试都低许多的分数。"没关系的，要相信自己。"他擦干了女儿眼角的泪，对她说。

尽管女儿没得到第一，他仍旧去了商店。挑来挑去，那些时下流行的山地车价钱实在太贵了，他也实在没法负担。最终，他选了一辆"安琪儿"，红色的，红色代表希望，女儿一定喜欢。

回到家，女儿已经将饭做好了。"来，看看爸爸给你买的生日礼物。"他拉着女儿的手说。女儿诧异地跟他出了家门，突然间，女儿惊异了。

一滴，又一滴……他这才发现，女儿的泪正一滴一滴往下落。"喜欢吗?"他问女儿。半晌，女儿才抬起头，"爸爸，对不起。""傻孩子，15 岁了，还尽说傻话。"

他摸了摸女儿柔软的头发，又轻轻擦去女儿脸上的泪，"你长大了。"他长长舒了一口气，这才发现，女儿眼里蓄满了泪。"怎么了，你哪儿不舒服吗?"他焦急地问。女儿慢慢抬起头，轻轻地说："其实，爸爸，这次我仍是第一。"

## 64. 感恩的尴尬

没想到感恩不成，反倒搅了父母一夜好觉。

17 岁的我，在离家 30 多里的县城读高中一年级。一个深秋的夜晚，我躺在床上看一本外国文集，其中有一段故事深深地打动了我。

杰克·罗伯特是一个远离父母的孩子，在他 16 岁那年的感恩节，他突然意识到自己长大了，他想到了感恩。于是，他不顾窗外飘着雪，连夜赶回家，他要对父母说，他爱他们。和他想象的一样，母亲开了门。他虔诚地说："妈，今天是感恩节，我特地赶回来向你们表示感谢，谢谢你们给了我生命！"杰克·罗伯特还没说完，母亲就紧紧地上前拥抱并且亲吻了他，杰克的爸爸也过来，深情地拥抱他们。

那种温馨的场面，一下子掀起了我思乡的狂潮。我想起，今天正是西方的感恩节，我也要给父母一个惊喜！天太晚了，坐车回家已不可能。我去借了一辆单车，心想，这样回家更能让父母感动。

出了校门，发现天正下着雨，我稍一迟疑，想到故事里的杰克能冒着风雪回家，精神一振，上路了。一路上，我脑子里一直在畅想着母亲打开门看到我时的惊喜。汗水和着雨水浸湿了衣服，我依然使劲地蹬着踏板，只想早些告诉父母我对他们的爱与感激。

终于，我湿漉漉地站到了家门口，心里"怦怦"急跳着敲响了门。门打开了，母亲一见是我，满眼惊慌，轻声说道："你这孩子怎么啦？深更半夜的，怎么回来了，出什么事了？"突然间我脑海里一片空白，一路上演练过无数次的"台词"怎么也说不出口。"爸，妈……我，我……""我"了半天，最后什么也没说，只是一甩头走进了自己的房间，关上了门。我悄悄地问自己：这文学和生活就相差这么远吗？朦胧中，我听到父亲走出来问："怎么啦？""谁知怎么了，"母亲说，"我问了半天，他也不说。歇着吧，明天再说。"

第二天早上，我起床后问母亲："爸去哪了，怎么没见到他？"母亲说："你这孩子，出了什么事也不说，深更半夜地跑回家，我和你爸一宿没睡，天刚落白，你爸就上路了！""到哪去了？"我奇怪地问。

母亲说："去你学校，问问你到底出了什么事？他担心着呢！"

"唉！"我叹了口气，没想到，感恩不成，感恩的债倒又欠下一笔，无端搅了父母的一夜好觉。

从那晚我明白，对于父母的感恩方式有许多种，并不一定要在深夜赶回家。

# 65. 继父节

每当母亲节或父亲节的时候，都使我想到我们国家还缺少一个节日——继父节。

如果任何一个人都应该有自己的节日，那么继父节应该是那些用他们的爱心和谨慎，在一个重组的家庭里建立起自己位置的勇敢心灵的节日。这就是我为什么会有一个我们称之为"鲍伯的节日"的原因。这是我们自己的继父节，是根据继父鲍伯的名字命名的。下面是我们的继父节的由来。

当时，鲍伯刚进入我的家庭。

"你记住，如果你做了伤害我母亲的事情，我会让你住到医院里去的。"正在上大学的男孩说，他比他的继父要魁梧得多。

"我会记住的。"鲍伯说。

"你不要告诉我我该怎么做，"正在上中学的男孩说，"你不是我的父亲。"

"我会记住的。"鲍伯说。

正在上大学的男孩打电话回家。他的汽车在离家45英里的地方抛锚了。

"我马上就到。"鲍伯说。

副校长打电话到家里来。正在上中学的男孩在学校打架了。

"我立刻就去。"鲍伯说。

"噢，我需要一条领带与这件衬衫相配。"正在上大学的男孩说。

"从我的衣柜里挑一条吧。"鲍伯说。

135

"你必须穿个耳眼。"正在上中学的男孩说。

"我会考虑的。"鲍伯说。

"你必须停止在餐桌上打嗝。"男孩说。

"我会尽力的。"鲍伯说。

"你认为我昨天晚上的约会怎么样?"正在上大学的男孩问。

"我的意见对你有什么影响吗?"鲍伯问。

"是的。"男孩说。

"我必须跟你谈谈。"正在上中学的男孩说。

"我必须跟你谈谈。"鲍伯说。

"我们应该有一段继父和继子之间的共同经历。"正在上大学的男孩说。

"做什么?"鲍伯问。

"给我的汽车换油。"男孩说。

"我知道了。"鲍伯说。

"我们应该有一段继父和继子之间的共同经历。"正在上中学的男孩说。

"做什么?"鲍伯问。

"开车送我去看电影。"男孩说。

"我知道了。"鲍伯说。

"如果你喝了酒,不要开车,打电话给我。"鲍伯说。

"谢谢!"正在上大学的男孩说。

"如果你喝了酒,不要开车,打电话给我。"正在上大学的男孩说。

"谢谢!"鲍伯说。

"我必须在什么时间回家?"正在上中学的男孩问。

"11 点半。"鲍伯说。

"好的。"男孩说。

"不要做伤害他的事情，"正在上大学的男孩对我说，"我们需要他。"

"我会记住的。"我说。

这就是我的鲍伯节的由来。

男孩子们为他们的继父买了一件他们能够一起玩的新玩具。鲍伯能够赢得孩子们的尊重，对我们全家人来说都是一件值得庆幸的事，他似乎一直都在我们背后支持着我们。

# 66. 上帝的惩罚

男人从儿子出生的那天起，就像天下很多父母一样，对儿子百依百顺。

儿子两三岁时，男人整天把儿子顶在肩上。有很长一段时间，男人脖颈上总是温湿的一片，那是儿子尿的。

渐渐大了些，儿子喜欢把男人当马骑，儿子说一声"我要骑马"，男人便趴下来，儿子骑在男人身上，大喊："驾——"男人在喊声中满屋子转，这段时间，男人所有裤子的膝盖都打了补丁。

一天，儿子看见天上的月亮又圆又亮，居然生出让男人摘月亮的想法，儿子开口说："爸爸，我要月亮。"

男人满足了儿子，男人拿了一个盆，里面装满了水。男人把盆放在月光下，盆里，真有一个月亮了，儿子趴在盆边，大叫着说："月亮在里面。"

儿子上学时，男人每天送出接进，男人总是提着书包走在儿子身后。这段时间，男人是儿子的书童。

儿子从小学到中学，又从中学到高中，到大学，再到分配工作结婚生子，这岁月不是一天两天，而是十几二十年。男人对儿子有求必应倾其所有。男人通常衣不遮体，儿子却西装革履；男人饥肠辘辘，儿子却饱食终日。男人为儿子付出了毕生精力。岁月无情，男人在儿子年轻有为时老朽年迈了。

男人变成老人了，然而让这个老人没有料到的是，当他应该颐养天年时，儿子却把他扫地出门了。老人在被儿子推出门时，大叫："你不应该这样对我呀!"儿子没理睬老人，"砰"地一声把门关了。

老人在流浪街头的很长时间里，常常老泪纵横。老人看见一个人，便说："他不应该这样对我呀，我连天上的月亮也帮他摘过，就是没把心挖给他。"又看见一个人，又说："他不应该这样对我呀，我连天上的月亮也帮他摘过，就是没把心挖给他。"再看见一个人，还这样说，没人嫌老人啰嗦，都唏嘘不已，陪着老人伤心叹息。

一个电闪雷鸣的晚上，老人蜷缩在人家的屋檐下，饥寒交迫让老人大哭不已，老人在一道闪电过后呼号起来，老人说："上帝呀，你睁开眼睛看看我受的罪吧。"

上帝没有出现，但一个比老人更老的老人在一旁开口了，他说："这就是上帝的安排。"

老人听了，看着那个更老的老人说："你是上帝?"

更老的老人回答："我不是上帝，但我知道这是上帝的安排。"

老人说："你是谁?"

更老的老人说："你看看我是谁?"

老人借着闪电，一次一次地端详着更老的老人，但老人始终不知道更老的老人是谁，老人后来摇了摇头，问那个更老的老人说："你到底是谁?"

更老的老人开口了，他说："你连自己的父亲都不认识——上帝怎么会不惩罚你?"

老人这才想起，他的老父还在世上。

# 67. 拐杖

雨下得很大，很冷。

教室里，北悄悄地对南说："瞧！那边墙角落里缩着一个瘸子。"

南往窗外望，轻轻地问："哪儿？"

北伸出食指朝那儿一指。果然，远远的墙角落里，一个汉子，一手撑着拐杖，一手提着沉甸甸的米袋，立在那儿。

南的眼里闪过一道亮光。

北察觉出南抑制不住的激动，问南："你认识那个瘸子？"

南说："那不是瘸子。"

北说："不是瘸子，又是啥，明摆着，他不是撑着拐杖吗？你认识他？"

南摇了摇头，心无法平静。

下课了。雨下得更密密匝匝了。

北发现南冒雨偷偷地跑到了墙角落，和那个瘸子比比划划、亲亲热热地交谈着。

南回来，北马上追问："南，你还是说说那瘸子，他是谁？"

南说："那不是瘸子。"

北说："不是瘸子，用拐杖干吗，你会不认识他？"

南摇了摇头，盯着北不语。

北说："难道是你爹？你爹是个瘸子？哈哈哈……你爹原来是个瘸子……"

南的脑袋嗡嗡嗡地直叫，他的小手紧紧地攥成了小小的拳头。"啪"地一响，北"哎呀"跌在了地上。教室里，哄堂大笑。

铃响了，北报告了老师。

老师问南："干吗打北？"

南咬了咬牙，倔强地在课堂上立满了 45 分钟。

放学了，雨仍淅淅沥沥地下。

南送父亲出校门，南说："爹，下个月的米，我自己回家拿，你大老远的送一趟很辛苦。"

父亲一手撑着拐杖，一手拎着米袋，仿佛什么也没有听到。

南又说："爹，下个月的米，我自己回家拿，好吗?"

父亲笑了笑，说："南，你好好念书，其他什么也别想，下个月的米我按时送来。"

望着父亲一瘸一瘸远去的背影，南忍不住落下了泪水。

雨停了。夜晚的教室静静的。

父亲一瘸一瘸的背影，极不和谐的拐杖声，平平仄仄地击打着南的幼小心灵。

南偷偷地翻开珍藏的日记本。一笔一画，一笔一画，写下刚劲有力的两个大字——"拐杖"。一股丹田之气，溢满了他的全身。

南的心在不断地升腾。

# 68. 妈妈，我爱你

当你 1 岁的时候，她喂你并给你洗澡，而作为报答，你整晚哭着。

当你 3 岁的时候，她怜爱地为你做菜，而作为报答，你把她做的一盘菜扔在地上。

当你 4 岁的时候，她给你买下彩色笔，而作为报答，你涂满了墙与饭桌。

当你 5 岁的时候，她给你买了既漂亮又贵的衣服，而作为报答，你穿上后到附近的泥坑去玩。

当你 7 岁的时候，她给你买了皮球，而作为报答，你把球投掷

到邻居的窗户上。

当你 9 岁的时候，她付了很多钱给你辅导钢琴，而作为报答，你常常旷课并且从不练习。

当你 11 岁的时候，她送你和朋友去电影院，而你要她坐到另一排去。

当你 13 岁的时候，她建议你去剪头发，而你说她不懂什么是现在的时髦发型。

当你 14 岁的时候，她付了你一个月的野营费，而你没有给她打一个电话。

当你 15 岁的时候，她回家想拥抱你一下，而你把门插起来。

当你 17 岁的时候，她在等着一个重要的电话，而你捧着电话打了整个晚上。

当你 18 岁的时候，她为你高中毕业感动得流下眼泪，而你跟朋友聚会到天明。

当你 19 岁的时候，她付了你的大学学费又送你到学校的第一天，你要求她在离校门口较远的地方下车，怕被朋友看见会丢脸。

当你 20 岁的时候，她问你："你整天去哪里？"而你回答："我不想说。"

当你 23 岁的时候，她给你买家具让你布置你的新家，而你对朋友说她买的家具真是糟糕。

当你 30 岁的时候，她对怎样照顾婴儿提出劝告，而你说："妈，现在时代已不同了。"

当你 50 岁的时候，她常患病，需要你的看护，你反而在读一本关于父母在孩子家寄居的书。

终于有一天，她去世了。突然你想起了所有从来没做过的事，它们像榔头痛打着你的心。为我们洗澡穿衣、牵手走路、为我们远行牵挂的母亲，是我们一生的财富，你是否尽到了你的孝道？关心母亲吧，别到了"子欲养而亲不待"时，才体会到母亲的深情。

# 69. 谁更愉快

一天，拉摩和夏摩兄弟俩到集市上去玩，父亲给他俩每人两个安那（印度货币名），让他们买东西吃。两人拿到钱后非常高兴，连蹦带跳地出了门。在路上，拉摩说："夏摩弟弟，你打算用这些钱买什么？我们给妈妈买个新鲜橘子吧，妈妈从昨天开始就发热了，现在她一定很想吃又凉又酸又甜的橘子，她吃了身体会好些的。"夏摩说："你愿意买你就买吧，我想要给自己买些吃的。爸爸给我们这些钱，就是让我们花的。妈妈若是需要橘子的话，她自己会开口要的，她有不少的钱。"他俩边走边谈，来到一个水果摊前。夏摩买了许多甘蔗，津津有味地吃起来；而拉摩则挑了一个又大又好的新鲜橘子。两人买好东西后一块儿回了家。两人来到母亲的房间，拉摩说："妈妈，您看，我从集市上给您买了个大橘子。您生病了，我觉得橘子对您最合适，所以就用爸爸给的零用钱买下了它，您吃吧！"母亲接过橘子，高兴地亲了亲拉摩，说："你是个好孩子，时刻挂念着妈妈的病，你自己却什么也没吃。"夏摩站在一旁，目睹此情此景，再听着母亲和哥哥的谈话，感到十分羞愧。拉摩从母爱中获得的幸福，夏摩从甘蔗里是不可能得到的。

# 70. 天底下最伟大的父亲

从记事起，布鲁斯就知道自己的父亲与众不同。父亲的右腿比左腿短，走路总是一拐一拐的，不能像其他小朋友的父亲那样，把儿子顶在头上嬉戏奔跑。父亲不上班，每天在家里的打字机上敲呀敲，一切都显得平淡无奇。

　　鲁斯很困惑，母亲怎么愿意嫁给这样的男人并和他很恩爱呢？母亲是个律师，有着体面的工作，长得也很好看。小的时候，布鲁斯倒不觉得有个瘸腿的父亲有何不妥。但自从上学见了许多同学的父亲后，他开始觉得父亲有点窝囊了。他的几个好朋友的父亲都非常魁梧健壮，平日里忙于工作，节假日则常陪儿子们打棒球和橄榄球。反过来看自己的父亲，不但是个残疾人，没有正经的工作，有时还要对布鲁斯来一顿苦口婆心的"教导"。

　　和很多年轻人一样，布鲁斯喜欢打橄榄球，并因此和几位外校的橄榄球爱好者组成了一个队伍，每个周日都聚在一起玩。

　　周日，和往常一样，布鲁斯和几个队友正欢快地玩着，突然来了一群打扮怪异的同龄人，要求和布鲁斯他们来一场比赛，谁赢谁就继续占用场地。这是哪门子道理？这个球场是街区的公共设施，当然是谁先来谁用。布鲁斯和同伴们正要拒绝，但见其中两个将头发染成五颜六色的少年面露凶光，摆出一副不比赛你们也甭玩的样子。布鲁斯和同伴们平时虽然也爱热闹，有时甚至也跟人家吵吵架，但从不打架。看到来者不善，他们勉强点头同意了。

　　结果，布鲁斯他们赢了。可恶的是，对方居然赖着不走。布鲁斯和同伴们恼火了，和一个自称"头头儿"的人吵了起来。吵着吵着，对方竟然动手打人。一股抑制不住的怒火像火山一样爆发了，布鲁斯和同伴们决定以牙还牙。争斗中，不知谁用刀子把对方一个人给扎了，正扎在小腿上，鲜血淋淋，刀子被扔在地上。其他同伴见势不妙，一个个都跑了，就剩下布鲁斯还在与对方厮打，结果被闻讯而来的警察抓个正着，于是布鲁斯成了伤人的第一嫌疑犯。很快，躲在附近的布鲁斯的几个同伴也相继被找来了，他们没有一个承认自己动了手。

　　也几乎有了定论，伤人的就是布鲁斯。虽然对方伤势不重，但

143

一定要通知家长和学校。布鲁斯所在的中学以校风严谨著称，对待打架伤人的学生处罚非常严厉。布鲁斯懊恼不已，恨自己看错了这些所谓的朋友。然而，布鲁斯越是为自己辩解，警察就越怀疑他在撒谎。一个多小时以后，布鲁斯的父母和学校负责人在接到警察的电话通知后陆续赶来了。第一个到的是父亲。布鲁斯偷偷抬眼看了看父亲，马上又低下了头。父亲显得异常平静，一瘸一拐地走到布鲁斯面前，把布鲁斯的脸扳正，眼睛紧紧盯着布鲁斯，仿佛要看穿他的灵魂。"告诉我，是不是你干的?"布鲁斯不敢正视父亲灼灼的目光，只是机械地摇了摇头。接着校长和督导老师也来了，他们非常客气地和布鲁斯父亲握手，并称他为韦利先生。

父亲不叫韦利，但韦利这个名字听上去很熟悉。布鲁斯的父亲和校长谈了一会儿后，布鲁斯听见父亲对警察说："我养的儿子，我最了解。他会跟父母斗气，会与同伴吵嘴，但是，拿刀扎人的事他绝对做不出来，我可以以我的人格保证。"校长接口说："这是著名的专栏作家韦利先生，布鲁斯是他的儿子。布鲁斯平时在学校一向表现良好，我希望警察先生慎重调查这件事。有必要的话，请你们为这把刀做指纹鉴定。"父亲和校长的那番话起了作用。当警察对布鲁斯和同伴们宣布要做指纹鉴定时，其中一个叫洛南的终于站出来承认是自己干的。那一刻，布鲁斯抑制不住的泪水夺眶而出，第一次扑在父亲怀里，大哭起来。此刻的他，觉得父亲是如此的伟岸。哭过之后，母亲也赶来了。

斯迫不及待地问母亲"爸爸真是那位鼎鼎大名的作家韦利吗?"母亲惊愕了一下，说："你怎么想起这个问题?"布鲁斯把刚才听到的父亲与校长的对话告诉了母亲。母亲微笑着点了点头："这是真的。你爸爸曾是个业余长跑能手。在你两岁的时候，你在街上玩耍，一辆刹车失灵的货车疾驰而来。你被吓呆了，一动不动。你父亲为了救你，右腿被碾在轮下。你父亲不让我透露这些，是怕影响你的成长，也不让我告诉你他是名作家，是怕你到处炫耀。孩子，你父亲是天底下最伟大的父亲，我一直都为他感到骄傲。"

布鲁斯激动不已，他没料到，自己引以为耻的父亲，曾经被自己冷落甚至伤害的父亲，会在自己最需要的时候，给予自己无比的信任。他知道，直到扑到父亲怀里大哭那一刻，自己才真正明白父亲的伟大。

# *71*. 账单

小彼得是一个商人的儿子，有时他会到爸爸开的商店里去瞧瞧。店里每天都有一些收款和付款的账单要经办，彼得往往被派去将这些账单送往邮局寄走，他渐渐觉着自己似乎也已成了一个小商人。

有一次，他忽然想出了一个主意，也开一张收款账单寄给妈妈，索取他每天帮妈妈做事的报酬。

一天，妈妈发现在她的餐盘旁边放着一份账单，上面写着：

母亲欠她儿子彼得如下款项：

为取回生活用品

*20 芬尼*

为把信件送往邮局

*20 芬尼*

为他一直是个听话的好孩子

*20 芬尼*

共计：*60 芬尼*

母亲收下这份账单，并仔细地看了一遍，什么话也没有说。晚上，小彼得在他的餐盘旁边找到了他所索取的 *60 芬尼* 报酬。正当他准备把这笔钱收进自己的口袋时，突然发现餐盒旁边还放着一份给他的账单。他把账单展开读了起来：

彼得欠他的母亲如下款项:

为在她家里过的 *10* 年幸福生活

*0* 芬尼

为他 *10* 年中的吃喝

*0* 芬尼

为在他生病时的护理

*0* 芬尼

为他一直有个慈爱的母亲

*0* 芬尼

共计: *0* 芬尼

小彼得读着读着,感到羞愧万分!一会儿,他怀着一颗"怦怦"直跳的心,蹑手蹑脚地走近妈妈,将小脸蛋藏进了妈妈的怀里,小心翼翼地把那 *60* 芬尼塞进了妈妈的围裙口袋。

# 72. 挚爱无极限

有一位充满智慧的母亲,拥有 *5* 个乖巧的小孩。这位母亲也深信"爱是乘法,不是除法"的原理,她不会将自己对孩子的爱平均分配,反倒是将所有的爱不断地相乘,让她对于 *5* 个孩子的爱意成等比级数一般,不断地与日俱增。

最小的女儿由于长得可爱无比,也就经常被问到:"你妈妈比较喜欢哪一个小孩?"这个小女儿受到旁人这个无聊愚蠢问题的影响,这一天,终于按捺不住,跑来问妈妈同样的问题:"妈妈,我和哥哥姐姐,*5* 个小孩当中,你究竟比较喜爱哪一个啊?可不可以告诉我呢?"

从来不责备小孩的这位母亲,听完小女儿的问题后,微笑地轻轻握着小女儿白嫩的小手,问她:"孩子,你手上 *5* 根手指头当中,你又最喜欢哪一个手指呢?"

小女儿偏着头想了想,很快地露出灿烂的笑容,回答道:"我当然是最喜欢大拇指。"母亲点了点头,伸手拿起一旁的剪刀,紧抓着小女儿的手,做势说道:"既然你最喜欢大拇指,那我就帮你把其他的手指头都给剪掉,只留大拇指就好了。"

小女儿被妈妈这样的举动吓了一大跳,连忙挣脱了妈妈的掌握,大叫道:"不可以,不可以,我每一个手指头都喜爱啊!请你不要剪,不要剪我的手指头,好不好?"

母亲放下手中的剪刀,将女儿拥进怀中,温暖地笑道:"妈妈当然不会真的去剪你的手指头啊!我只是想要让你能够知道,你们5个小孩,都是妈妈心中最重要的宝贝,就像你懂得宝贝自己的手指头一样,也像你爱自己的手指头一样:每一个小孩,都是妈妈心中的最爱,在妈妈的心中,爱是绝对的,不会比较爱哪一个!我这么说,你懂了吗?"

小女儿又想了想,伸出白嫩嫩的小手,轻抚妈妈美丽的脸庞,也温柔地说道:"妈妈,你放心,我都懂了,我也会用全部的五根手指头来好好地爱你……"

# 73. 樱桃树下的母爱

蒂姆4岁这年,一贯花天酒地的父亲向母亲提出了离婚。母亲带着他搬到了马洛斯镇定居。马洛斯镇尽头有一个大型的化工厂,工厂附近有许多美丽的樱桃树,蒂姆一眼就喜欢上了这里。

蒂姆在新的环境中生活得十分愉快。他喜欢拉琴,每天都拿着心爱的小提琴来到院子里的樱桃树下演奏。

伊扎克·帕尔曼是蒂姆最喜欢的小提琴家。他跟蒂姆一样,小时候患上了小儿麻痹症,成为终生残疾,无法站立演奏,但他却以超常的毅力克服困难，最终成为世界级小提琴大师。母亲常以此激励蒂姆，蒂姆也没有辜负母亲，几年过去了，他的琴技日渐提高，悠扬的乐声是他们生活中最美妙的伴奏。

不幸还是再一次降临到了这对母子身上。化工厂发生了严重的毒气泄漏事故，距离化工厂最近的蒂姆家受到了严重的影响。蒂姆时常恶心、呕吐，最可怕的是他的听力开始逐渐下降。医生遗憾地表示蒂姆的听觉神经已严重损坏，仅保有极其微弱的听力。

母亲狠下心把蒂姆送到了聋哑学校，她知道要想让儿子早日从阴影里走出来，就必须尽快接受现实。医生提醒过，由于年纪小，蒂姆的语言能力会由于听力的丧失而日渐下降，因此即使在家里，母亲也逼着蒂姆用手语和唇语跟她进行交流。在母亲的督促和带动下，蒂姆进步得很快，没多久就能跟聋哑学校的孩子们自如交流了。樱桃树下又出现了蒂姆歪着脑袋拉琴的小小身影。

看到儿子的变化，母亲很是欣慰。和以前一样，每次只要蒂姆开始在樱桃树下拉琴，她都会端坐在一边欣赏。不同的是，每次演奏结束后，母亲不再是用语言去赞美，取而代之的是她也日渐熟练的手语和唇语，以及甜美的微笑和热情的拥抱。

可蒂姆的听力太有限，他很想听清那些美妙的旋律，但他听到的只有嗡嗡声。蒂姆很沮丧，心情一天比一天坏。

看到儿子如此痛苦，母亲不禁也伤心地流下泪来。一天，母亲用手语对蒂姆说道："孩子，尽管你不能完全听清楚自己的琴声，但你可以用心去感觉啊！

母亲的话深深印在了蒂姆心里，从此他更刻苦地练琴，因为他要用心去捕获最美的声音。为了让蒂姆的琴技更快地提高，母亲还想出了一个妙招——镇上没有专业教师，母亲就用录音机录下蒂姆的琴声，然后再乘火车找城里的专家进行点评。为了避免有所遗漏，她还麻烦专家把参考意见一条条地写下来，好让蒂姆看得清楚。

可蒂姆发现，只要自己演奏较长的乐曲，有时明明超过了*50*分钟，早到了该翻面的时候，可母亲还看着自己一动不动。事后蒂姆提醒母亲，母亲忙说抱歉，笑称自己是听得太入迷了。后来，只要录音，母亲都会戴上手表提醒自己，再也没出现过任何疏漏。

樱桃树几度花开花落。在法国的一次少年乐器演奏比赛上，蒂姆以其精湛的技艺和昂扬的激情震撼了在场所有的评委，当之无愧地获得了金奖。而当人们得知他几乎失聪时，更是觉得他的成功不可思议。许多人把他称为音乐天才。更幸运的是，蒂姆的听力问题也受到了医学界的关注，经过巴黎多位知名专家的联合会诊，他们认为蒂姆的听力神经没有完全萎缩，通过手术有恢复部分听力的可能。

手术很快实施了，术后的效果很理想，医生说再配戴上人造耳蜗，蒂姆的听觉基本上就能与常人无异了。

这段时间，母亲一直陪伴在蒂姆身边。配戴上耳蜗的这天，蒂姆表现得特别兴奋，他用手语告诉母亲："从现在起，我要学习用口说话，您也不必再用手语和唇语跟我交流了。"他甚至激动地拉起了小提琴，用结结巴巴的声音说："母亲，我能听见了，多么美的声音啊！"然后他又问道："母亲，您最喜欢哪首曲子，我现在就拉给您听好吗？"

但奇怪的是，母亲似乎根本没有听见他的话，她依然坐在那里含笑看着他，保持着沉默。蒂姆又结结巴巴地问："母亲，您怎么不说话啊？"这时，护士小姐走了过来，她告诉蒂姆，他的母亲早已完全失聪。蒂姆睁大了眼睛，直到这时，他才知道了真相：原来，在那次毒气泄漏事故中损坏了听觉神经的不只是他，还有他的母亲。只是为了不让蒂姆更加绝望，母亲才一直将这个痛苦的秘密隐藏到现在。母亲的绝大部分时间都是和蒂姆用手语和唇语交流，因为很少开口，如今都不怎么会说话了。蒂姆想起年少时对母亲的种种误解，不由得抱着母亲痛哭起来。

蒂姆和母亲回到了家中，初春时节，在开满粉红花瓣的樱桃树下，伴着轻柔的和风，蒂姆再次为母亲拉起了小提琴。他知道，母亲一定听得到自己的琴声，因为她是用心去感受儿子的爱和梦想。虽然他当年在母亲那儿得到的只是无声的鼓励，但这其实是一个伟大的母亲奉献给儿子的最振聋发聩的喝彩。

# 74. 风雨中的菊花

午后的天灰蒙蒙的，乌云压得很低，似乎要下雨。就像一个人想打喷嚏，可是又打不出来，憋得很难受。

多尔先生情绪很低落，他最烦在这样的天气出差。由于生计的关系，他要转车到休斯敦。距离开车的时间还有两个小时，他随便在站前广场上漫步，借以打发时间。

"太太，行行好。"声音吸引了他的注意力。循声望去，他看见前面不远处一个衣衫褴褛的小男孩伸出鹰爪一样的小黑手，尾随着一位贵妇人。那个妇女牵着一条毛色纯正、闪闪发亮的小狗正急匆匆地赶路，生怕那双黑手弄脏了她的衣服。

"可怜可怜吧，我 3 天没有吃东西了，给 1 美元也行。"

考虑到甩不掉这个小乞丐，妇女转回身，怒喝一声："滚！这么点小孩就会做生意！"小乞丐站住脚，满脸失望。

真是缺一行不成世界，多尔先生想。听说专门有一种人靠乞讨为生，甚至还有发大财的呢！可是……这个孩子的父母太狠心了，无论如何应该送他上学，将来成为对社会有用的人。

多尔先生正思忖着，小乞丐走到他跟前，摊着小脏手："先生可怜可怜吧，我 3 天没有吃东西了，给 1 美元也行。"不管这个小乞丐是生活所迫，还是欺骗，多尔先生心中一阵难过，他掏出一枚 1 美元的硬币，递到他手里。

"谢谢您，祝您好运！"小男孩金黄色的头发都粘成了一个板块，全身上下只有牙齿和眼球是白的，估计他自己都忘记上次洗澡的时间了。

树上的鸣蝉在聒噪，空气又闷又热，像庞大的蒸笼。多尔先生不愿意过早地去候车室，就信步走进一家鲜花店。他有几次在这里买过礼物送给朋友。

"您要看点什么？"卖花小姐训练有素，彬彬有礼而又有分寸。

这时，从外面又走进一人，多尔先生瞥见那人正是刚才的小乞丐。小乞丐很认真地逐个端详柜台里的鲜花。"你要看点什么？"小姐这么问，因为她从来没有想小乞丐会买花。

"一束万寿菊。"小乞丐竟然开口了。

"要我们送给什么人吗？"

"不用，你可以写上'献给我最亲爱的人'，下面再写上'祝妈妈生日快乐！'"

"一共是 20 美元。"小姐一边写，一边说。

小乞丐从破衣服口袋里"哗啦啦"地摸出一大把硬币，倒在柜台上，每一枚硬币都磨得亮晶晶的，那里面可能就有多尔先生刚才给他的。他数出 20 美元，然后虔诚地接过下面有纸牌的花，转身离去。

小男孩还蛮有情趣的，这是多尔先生没有想到的。

火车终于驶出了站台，多尔先生望着窗外，外面下雨了，路上没有了行人，只剩下各式车辆。突然，他在风雨中发现了那个小男孩。只见他手捧鲜花，一步一步地缓缓地前行，他忘记了身外的一切，瘦小的身体更显单薄。多尔看到他的前方是一块公墓，他手中的菊花迎着风雨怒放着。

火车撞击铁轨越来越快，多尔先生的胸膛中感到一次又一次的强烈冲击。他的眼前模糊了……

# 75. 母爱的力量

他母亲是在 40 岁的时候生下他的。小时候，他身体不好，多病。为了壮筋骨，母亲让他去学拳击。

他因此变得不乖，常常惹是生非。

母亲几乎天天打他，而且是边打边哭。

20 岁那年，他得了第一个冠军。第二天，他又干了一件事，在公交车上把一个霸占"孕妇专座"的男人打得头破血流……

母亲按惯例举起拐杖打他，他照旧老实地跪着认错，但这回他哭了，第一次在母亲的棒打下哭了！

他一点也不疼，所以哭了，是因为他突然发现母亲已苍老得再也打不疼他了，虽然她是那么竭尽全力、气喘吁吁地打！

在最后一次告别赛中，他反败为胜，震惊拳坛。接受采访时，他说，母亲是他永远的楷模，甚至会赋予他神圣的力量。当他倒下，裁判在旁边读秒时，只有一个声音可以让他爬起来，那就是母亲的话。

问他，母亲的哪一句话最让他难忘。他说："打死你！"我禁不住笑了，多么亲切而沉痛的一句中国母亲的口头语呀！

母亲打儿子，儿子打世界。母亲哭了，儿子笑了。

力量的源头，是爱；力量的秘密，还是爱。

# 76. 慈母

古时候，有一位年迈的老太婆，因为体弱多病，所以不能工作。

她的儿子看她白吃白喝，是一种累赘，就想抛弃她。

有一天，儿子狠下心来，背着她往山里走。途中，儿子一路听背后的老母亲折断树枝的声音。他心中暗想："一定是母亲怕被抛弃之后，无法自己认路下山，而沿途做记号。"他不以为然地继续往更深的山里面走，好不容易到深山处人烟绝迹的地方，将母亲放下来，毫无感情地说："我们在此分别吧！你自己照顾自己。"

此时，他的母亲慈祥地对他说："上山时，我沿途折树枝为你做了记号，你只要沿着记号下山，就不会迷路了。"

这位母亲此话一讲完，她的儿子愣住了，许久讲不出话来，最后流着悔恨的眼泪，从大逆不道的恶行中惊醒过来，赶紧向母亲下跪、忏悔，求其恕罪，又将母亲背回家。从此极为尽心地孝顺她。

# 77. 母亲的眼泪

一场细雨，淅淅沥沥。院子里，黄树叶儿散发着光芒。藤上的大葡萄膨胀了，肉鼓鼓地简直要绽裂的样子。紫色的花朵把紫花压得低低的。紫花下，一只破坛子在落叶中滚动。栖息在坛底的一只雏燕，又是寒冷又是伤心，缩成一团，瑟瑟发抖。她孤苦伶仃，两个姐姐已经南飞，妈妈，亲爱的妈妈，也已经远走高飞，向着温暖的地方。又湿又冷的夜晚，谁能给她以温暖呢？

她在坛子底孑然一身。他们离开了她，因为她身残，飞不动。夏天，他们栖息在屋檐下，房子突然失火。母亲赶回来抢救，但为时已晚。一颗红红的火星飞进巢穴，烧伤了她的翅膀。那时她刚破壳而出来到世上，全身赤条条一丝不挂，顿时感到阵阵剧痛，晕了过去。一觉醒来，已在一个新的巢穴。她想抖动一下翅膀，但徒劳无功，因为左面的翅膀已经烧伤萎缩。夏天过去了，葡萄的颜色变深了。院子里，妈妈说："亲爱的孩子，我们今天要南飞了。你飞不了，只得留下。那儿的坛子里，我用羽毛做了一个柔软的床铺。那就是你的窝。饿时你可以出去吃点东西，院子里水果比比皆是。待到春天来时，我们再回来找你。"

"谢谢，妈妈，谢谢您的安排!"小燕子凄凉地说。为了掩盖眼泪，她把头扎进了母亲的翼下，沉默了片刻……

她们飞走了!

忧郁苦闷的日子一天一天挨了过去。湿透的紫花，顶梢更加下垂了。一滴雨水，从最低的那片花瓣上滚了下来，正要滚下来时，雏燕听到雨水叹了一声："噢，累死我了!"

"您从哪儿来?"雏燕好奇地问。

"噢，亲爱的，亲爱的，我从大洋来，我生在那儿。我不是一滴雨水，而是一滴眼泪。"

"一滴眼泪? 谁的眼泪?"雏燕急切地问。

"一位母亲的眼泪。我生命的故事十分简短。9 天前，一艘大的远洋轮船的桅杆上，栖息着一只燕子，它疲惫不堪，眼泪汪汪。我就诞生在悲伤忧愁的燕子的右眼里。狂风大作，大洋怒吼，燕子用微弱的声音对风说：'风兄弟! 你周游世界，去保加利亚时，请停留一下，看望我那孤零零的孩子，告诉她，黑猫就在院子里徘徊，躲远一点。我走时忘了告诉她这件事。告诉她我悲痛欲绝……''你的孩子在哪里?'风问。'我把她留在院子里一只破旧的坛子里，那儿种着些紫花儿。'燕子话未说完，我就从她的眼里滚了出来。风逮住了我，带着我环游世界，已经旅行了 9 天。片刻之前我落在这朵花上。真是累死了! 我现在什么都不想，就想滚下去睡一觉。"

雏燕听痴了。她迅速站了起来，张开嘴，吞下母亲的那滴昏厥过去的泪水。"谢谢，亲爱的妈妈。"她低声说道，躺到羽毛床上，睡着了。眼泪给了她温暖，她似乎又蜷缩在母亲的翅膀下。

# 78. 手套

冬天来了，天冷了，孩子放学的时候，天空中飘着细雨。孩子缩着脖子，还把双手插进裤袋里，匆匆地往家去。孩子路过一家商场，看到里面有好多人，包括一些学生都在买手套，孩子就决定也买一副手套，那样就不怕冻着手了。

孩子进了商场，像其他孩子一样，细心地挑选着手套。最后，孩子看中了一双棉手套，孩子戴在手上，非常暖和。于是孩子就买下了它。

然后，孩子戴着手套回家了。路上，孩子想，我要不要告诉母亲我买手套了？告诉了母亲，母亲就可以给他钱。不告诉，母亲肯定不会给他钱。但是告诉了母亲，母亲肯定会心疼花了钱。母亲失业好一段时间了，最近才在一家家政公司上班，工资很低，而自己却花钱去买一副手套，母亲肯定心疼。这手套是可有可无的，对他们来说，属于奢侈品。

孩子决定先不告诉母亲买了手套，等找个适当的时候再说。孩子在开门之前，把手套取下来放进了书包。

打开门，母亲看到孩子回来了，就笑了，问，你冷吗？孩子说，不冷，不冷！母亲说，我给你买了一样东西，你猜猜是什么？孩子听母亲说给他买了东西，就笑了，说，肯定是好东西！母亲就拿出一副棉手套来。孩子吃了一惊，说，妈，你给我买的手套？母亲说，天这么冷，怕你的手冻着了！要是冻着了，怎么学习怎么写字？来，戴上试试，看合适不！母亲说着就将手套往孩子手上戴。

孩子没想到母亲会为他买一副手套，太突然了。孩子觉得自己对不起母亲，母亲想着给他买手套，可是他呢，却只想着自己，只买手套给自己。孩子知道，自己买的手套，只怕是永远都不能拿出

155

来了，只能拿去退掉。拿出来让母亲知道了，母亲会怎么想？肯定会心疼花了钱，而且还会认为孩子不关心她。

母亲给孩子戴好了手套，高兴地说，还真合适！暖和吧？孩子说，暖和，真暖和！孩子又说，妈，你呢？你有手套吗？母亲说，我不用戴手套！我不怕冷！孩子知道，母亲肯定是为了省钱，舍不得为自己买手套。母亲怎么会不怕冷呢！不行，我得给母亲买一副手套。要是母亲的手冻着了，那她怎么干活？父亲已经去世了，家里全靠母亲呢！

第二天，孩子把自己买的那副手套好说歹说地退掉了，然后换了一副女式的棉手套。母亲给了他一副手套，他也要送一副手套给母亲才行。他不能让关心他的母亲把手冻着了，否则，他会不安的。

孩子回到家里的时候，吃了一惊，母亲的手上，已经戴着一副手套了。孩子没有把自己给母亲买的手套拿出来。孩子对母亲说，妈，你买手套了？母亲说，买了，我怕你为我买手套，所以就先买了。母亲是怕孩子买贵了，就自己买了。

孩子看了看母亲手上的手套，发现那是一种很便宜的手套。母亲终究是舍不得花钱的。孩子知道，母亲买这样的手套来戴，也只是为了让他安心，让他不再为她没有手套担忧她冻着了手。孩子说，买了就好！你要不买的话，我就要给你买了！只是这手套暖和吗？母亲笑着说，很暖和的！你就放心吧，我的手不会冻着了！孩子笑了笑，说，暖和就好，暖和就好！

现在，孩子是不能把自己买的手套送给母亲了。孩子把那副手套悄悄地藏了起来。孩子不能让母亲知道他给她买手套了，知道了，母亲肯定会心疼花了钱。孩子决定等明年冬天的时候再把手套送给母亲。

# 79. 一位母亲与家长会

第一次家长会，幼儿园的老师对一位母亲说："你的儿子有多动症，在板凳上连 3 分钟都坐不了，你最好带他去医院看一看。"回家的路上，儿子问她老师都说了些什么？她鼻子一酸，差点流下泪来。因为全班 30 位小朋友，唯有他表现最差。唯有对他，老师表现出不屑。

然而，她还是告诉了她的儿子。"老师表扬你了，说宝宝原来在板凳上坐不了 1 分钟，现在能坐 3 分钟了。其他的妈妈都非常羡慕妈妈，因为全班只有宝宝进步了。"

那天晚上，她儿子破天荒地吃了两碗米饭，并且没让她喂。

儿子上小学了。家长会上，老师说："全班 50 名同学，这次数学考试. 你儿子排第 49 名。我们怀疑他智力上有些障碍，您最好能带他去医院查一查。"

回去的路上，她流下了泪。然而，当她回到家里，却对坐在桌前的儿子说："老师对你充满信心。他说了，你并不是个笨孩子，只要能细心些，会超过你的同桌，这次你的同桌排在第 21 名。"

说这话时，她发现儿子暗淡的眼神一下子充满了光，沮丧的脸也一下子舒展开来。她甚至发现，儿子温顺得让她吃惊，好像长大了许多。第二天上学时，去得比平时都要早。孩子上了初中，又一次家长会。她坐在儿子的座位上，等着老师点她儿子的名字，因为每次家长会，她儿子的名字在差生的行列中总是被点到。然而，这次却出乎她的预料，直到结束，都没听到。她有些不习惯。临别，去问老师，老师告诉她："按你儿子现在的成绩，考重点高中有点危险。"

她怀着惊喜的心情走出校门，此时她发现儿子在等她。路上她扶着儿子的肩膀，心里有一种说不出的甜蜜，她告诉儿子："班主任对你非常满意，他说了，只要你努力，很有希望考上重点高中。"

高中毕业了。第一批大学录取通知书下达的日子，学校打电话让她儿子到学校去一趟。她有一种预感，她儿子被清华录取了。因为在报考时，她给儿子说过，她相信他能考取这所学校。

她儿子从学校回来，把一封印有清华大学招生办公室的特快专递交到她的手里，突然转身跑到自己房间里大哭起来。边哭边说："妈妈，我一直都知道我不是个聪明的孩子，是您……"

这时，她悲喜交加，再也按捺不住十几年来凝聚在心中的泪水，任它打在手中的信封上。

# 80. 温柔的抚摸

小男孩 6 岁时就开始学钢琴。6 岁的小男孩学钢琴要比同龄人付出更多的汗水和泪水。小男孩很认真地练着，他知道妈妈就坐在他的旁边，妈妈一定在慈祥地注视着自己。每天上午，妈妈都带小男孩到文化宫来练习弹琴，那种弹奏是单调的，所以在弹到高潮的时候，妈妈常用手抚摸他的头，妈妈那温暖的气息就随着这温柔的触摸传遍他全身，让他振作起所有的精神。中午的时候，妈妈再牵着小男孩的手回家。在路上，一边走，妈妈一边告诉小男孩，小心点，你的左边有一口下水井，别踩到里面去——小男孩看不见路，他一出生就双目失明。

16 岁时，这个男孩弹奏钢琴的技术已经从同龄人中脱颖而出，并且有了第一次登台演出的机会。主持人给他描述现场的情况：今天到场的有很多国家领导人，都在第一排就座，他们可以看清楚你的一举一动。会场上共有五千多名观众，都是社会名流，其中还有一些是音乐界的权威，主持人说这话时没有注意到小男孩手在微微发抖，脸上渗出了细密的汗珠。

正在现场采访的香港凤凰卫视的记者吴小莉发现了这一细节，她上前握住了男孩的手问："你怎么了？"小男孩说："我，我的心里真的好紧张啊……"吴小莉想了想告诉他："孩子，你妈妈今天来了吗？""是的，不过她现在在台下的观众席上。""好孩子，你一定要记住，今天最重要的观众只有一个人，那就是你的妈妈。你今天只是在为你的妈妈演出！"小男孩点点头，从容地上场了。

行云流水般的琴声从男孩手下汩汩流出，忽而高亢，忽而缠绵，忽而又如小鹿欢快跳跃。长达 8 分钟的演奏强烈地震撼了每个观众的心灵。那是一次非常成功的演出，当男孩起身向台下观众致谢的时候，全场掌声雷动。

节目结束时吴小莉现场采访了一位观众，让他谈谈自己的感受，观众很激动地告诉她："那个小男孩弹得太棒了，我闭眼听着琴音，就好像妈妈的手在抚摸我的头。"

# 81. 母亲的信念

有一个女孩，没考上大学，被安排在本村的小学教书。由于讲不清数学题，不到一周就被学生轰下了讲台。母亲为她擦了擦眼泪，安慰说："满肚子的东西，有人倒得出来，有人倒不出来，没必要为这个伤心，也许有更适合你的事情等着你去做。"

后来，她又随本村的伙伴一起外出打工。不幸的是，她又被老板轰了回来，原因是剪裁衣服的时候，手脚太慢了，品质也过不了关。母亲对女儿说："手脚总是有快有慢，别人已经干很多年了，而你一直在念书，刚开始干怎么快得了呢？"

女儿先后当过纺织工，干过市场管理员，做过会计，但无一例外，都半途而废。而每次女儿沮丧回来时，母亲总安慰她，从没有

159

抱怨。

30岁时，女儿凭着一点语言天赋，做了聋哑学校的辅导员。后来，她又开办了一家残障学校。再后来，她在许多城市开办了残障人用品连锁店，很快成了一个拥有几千万资产的老板。

有一天，功成名就的女儿凑到已经年迈的母亲面前，她想得到一个一直以来想知道的答案，那就是前些年她连连失败，连自己都觉得前途渺茫的时候，是什么原因让母亲对她那么有信心呢？

母亲的回答朴素而简单。她说："一块地，不适合种麦子，可以试试种豆子；豆子也长不好的话，可以种瓜果；如果瓜果也不济的话，撒上一些花种子一定能够开花。因为一块地，总有一粒种子适合它，也终会有属于它的一片收成。"

听完母亲的话，女儿落泪了。她明白了，母亲恒久而不绝的信念和爱，就是一粒坚韧的种子，她的奇迹，就是这粒种子执著生长出的奇迹。

# 82. 蚂蚁与鸽子

一只蚂蚁口渴了，便来到泉边喝水。突然一阵风吹过，把正埋头解渴的蚂蚁一下子抛入水中。有只鸽子正在泉边的树上休息，发现蚂蚁危在旦夕，急忙摘下一片树叶，抛向水中的蚂蚁。蚂蚁费尽力气爬上树叶，平安地上了岸。它对鸽子的救命之恩万分感激，却不知如何报答

这时，路边走来一个捕鸟人，他看见了树上的鸽子，立刻撒开捕鸟网。他正在得意地以为万无一失时，蚂蚁爬到他的手上狠狠地咬了一口。捕鸟人痛得松开了手，手里的网张开了，鸽子从罗网中逃脱，飞向了天空。

助人者自助。

# 83. 阳光下的守望

　　我见过一个母亲，一个阳光下守望的母亲。母亲就站在 7 月炙热的阳光下，翘首望着百米外的考场，神色凝重。母亲脸上早冒出豆大的汗珠。汗水早将她的衣衫浸染得像水洗一样，她的花白的头发凌乱地贴在前额上。母亲就这样半张着嘴，一动不动地盯着考场，站成一尊雕像。

　　树阴下说笑的家长停止了说笑，他们惊讶地望着阳光下的母亲。有人劝母亲挪到树阴下，母亲神情肃然的脸上挤出比初冬的冰还薄的笑，小声嗫嚅道："站在这里能清清楚楚地看到考场，能清清楚楚地看到孩子。"没人笑她痴，没人笑她傻，也没人再劝她。

　　烈日下守望的母亲舔了舔干裂的嘴唇，目光扫了扫不远处的茶摊，就又目不转睛地盯着考场了。不知过了多久，也许半个小时，也许一个小时，母亲像软泥一样瘫在了地上。众人一声惊呼后都围了上去，看千呼万唤后她仍昏迷不醒，便将她抬到学校大门口的医务室里。

　　听了心跳，量了血压，挂了吊针，母亲仍然紧闭双眼。经验丰富的医生微笑着告诉众人："看我怎样弄醒她。"

　　医生附在母亲耳边，轻轻地说了句："学生下考场了。"

　　母亲猛地从床上坐起来，拔掉针头，下了病床："我得赶快问问儿子考得怎么样。"

　　我常常将这个真实的故事讲给我的学生听，学生说，这故事抵得上一千句枯燥无味的说教。

# 84. 不准打我哥哥

　　刚上小学时，每到放学，我总喜欢拖着弟弟，偷偷摸摸地溜到国小的沙坑里玩沙子。有一天，在这个有欢笑有汗水的沙堆中，发生了一件令我毕生难忘的事。那是一个比我高一个头的小子，大声嚷嚷，怪我弟弟侵犯了他的地盘。我站在沙坑外边看着弟弟紧抿双唇，睁着大眼睛瞪着他。我幸灾乐祸地看调皮捣蛋的弟弟会怎么整他。

　　那个国小二年级的小子看我弟弟不理他，开始有点生气了。他上前一步，二话不说就朝弟弟的胸前用力推了一把，弟弟那瘦小的身躯就像是纸扎的，向后跌倒在地。我来不及细想，就发狠似的冲过去，整个身体朝那小子撞上去，两个人滚倒在沙堆中。

　　他把我的头朝下压在地上，用拳头猛捶我的身体，然后伸脚朝我踹过来，结结实实地踹在我的脸上！我被踢得往后滚了一两圈才坐起，首先映入眼帘的是弟弟惊恐的表情！我顺手抹一下脸，血！满手掌的血！我呆住了，不知道该怎么办，脑中一片空白。

　　"不准打我哥哥！"我抬起头，看见弟弟站在我的面前，两只小手张得开开的，身体呈大字形挡在我身前，脸上的泪还没有干，一抽一吸的……"不准打我哥哥！"他大声地说了第二次。我看着那个平时供我使唤、调皮捣蛋的小鬼头，胸口莫名地悸动。

　　不知何时，那个恶狠狠的小子早已离开了。我站起来去牵弟弟的手，他站在那不动。我把他拉过来。他紧闭双眼，泪水却从他长长的睫毛中涌出。他只是流泪，却不哭出声，口里喃喃地说："不准打我哥哥……"

　　原来，有些感情是会直接用生命去保护的啊……

# 85. 孔融让梨

孔融，是孔子的后代。孔家是有名的书香门第，号称"诗礼传家"，家中十分注重礼的教育和依礼行事。孔融从小在父母的言传身教之下便很懂礼貌。

孔融兄弟 7 人，他排行第六。父母从小就教育他要孝敬父母，尊重兄长，讲究礼让。所以孔融虽然兄弟很多，却是兄友弟恭，从来没发生过吵嘴打架的事情。

小孔融爱吃梨，爸爸妈妈也常给他们兄弟买梨吃。在他 4 岁那年，一位客人带来一筐梨子，父母把他们兄弟叫来一起分梨。大大小小的梨子放了一桌子。家里几个孩子数孔融最小，大家都让他先挑。哥哥说："弟弟，又大又黄的好吃，你挑个大的吧！"

4 岁的孔融站在凳子上，挑来挑去，却挑了一个最小的。家人看了都很奇怪，问道："孔融，你为什么挑最小的呢？"孔融手里拿着小梨子，认真地说："哥哥们年岁大，应该吃大的，我是小弟弟，按礼来说，应该吃小的。"

听了小孔融的话，家里人都夸他是个懂礼貌的好孩子。

# 86. 小小的阳光

以前，有一位女孩，名叫埃尔莎。她有一位年纪很大的老奶奶，头发都白了，脸上也布满了皱纹。

埃尔莎的父亲在山上有一栋大房子。每天，太阳都从南边的窗户里射进来。房子里的每件东西都亮亮的，漂亮极了。奶奶住在北边的屋子里。太阳从来照不进她的屋子。

一天，埃尔莎对她的父亲说："为什么太阳照不进奶奶的屋子呢？我想，她也是喜欢阳光的。"

"太阳公公的头探不进北边的窗户。"她父亲说。

"那么，我们把房子转个个吧，爸爸。"

"房子太大了，不好转。"她爸爸说。

"那奶奶就照不到一点阳光了吗？"埃尔莎问。

"当然了，我的孩子，除非你给她带一点儿进去。"

从那以后，埃尔莎就想啊想啊，想着如何能带一点儿阳光给她奶奶。

当她在田野里玩耍的时候，她看到小草和花儿都向她点头，鸟儿一边从这棵树跳到那棵树，一边唱着甜美的歌儿，世间万物好像都在说："我们热爱阳光，我们热爱明亮、温暖的阳光。"

奶奶肯定也喜欢的，孩子想，我一定要带一点儿给她。

一天早晨，她在花园里玩时，看到了太阳温暖的光线照到了她金色的头发上。然后，她低下头，看到衣摆上也有阳光。

我要用衣服把阳光包住，她想，然后把它们带进奶奶的房子。于是，她跳了起来，跑进了奶奶的屋子。

"看，奶奶，看！我给你带来了一些阳光！"她叫着。然后，她打开了她的衣服，可是看不到一丝阳光。

"孩子，阳光从你的双眼里照出来了，"奶奶说，"它们在你金色的头发里闪耀。有你在我身边，我不需要阳光了。"埃尔莎不懂为什么她的眼睛里可以照出阳光。但她很愿意让奶奶高兴。

每天早上，她都在花园里玩耍。然后，她跑进奶奶的房子里，用她的眼睛和头发，给奶奶带去阳光。

## 87. 苹果的最佳分法

那时，我在一个农民工子弟小学教 1 年级的数学。

期中考试时，我给孩子们出了这样一道题："假如你家有 5 口人，买来 10 个苹果，每个人能分到几个苹果?"从年龄与智力发育水平来说，让 7、8 岁的孩子来回答这道题，应该是很简单的。

但是当试卷交上来后，我却大吃一惊，我发现，由于打字员疏忽，"10"变成了"1"，这样，这道题变成了"假如你家有 5 口人，买来 1 个苹果，每个人能分到几个苹果"。我想，试题本身就错了，所以这道题根本就不可能有答案了。

但阅卷时，我发现几乎所有同学都在那道题下写出了各自的答案。

其中有一个答案震撼着我的心灵。答案的内容是：每个人能分到一个苹果。

后面接着写了原因：假如爷爷买来一个苹果，他一定不会吃了它，因为他知道有病的奶奶一定很想吃，他会留给奶奶的；但奶奶也不会吃，她通常会把苹果送给她最疼爱的小孙女——我；但我也一定不会吃这个苹果，我会把它送给每天在街上卖报纸的妈妈，因为妈妈每天在太阳下晒着，口渴的她一定需要这个苹果；但是，妈妈也不会吃的，她一定会送给爸爸，因为爸爸进城这一年来每天都在工地上干很累很累的活，却从没吃过苹果。所以，我们家每个人都会得到一个苹果。

我含着眼泪，给孩子的答案打了满分。

# 88. 最贵的项链

　　店主站在柜台后面，百无聊赖地望着窗外。一个小女孩走过来，整张脸都贴在了橱窗上，出神地盯着那条蓝宝石项链看。她说："我想买给我姐姐。您能包装得漂亮一点儿吗？"

　　店主狐疑地打量着小女孩，说："你有多少钱？"小女孩从口袋里掏出一个手帕，小心翼翼地解开所有的结，然后摊在柜台上，兴奋地说："这些可以吗？"

　　她拿出来的不过是几枚硬币而已。她说："今天是姐姐的生日，我想把它当礼物送给她。自从妈妈去世以后，她就像妈妈一样照顾我们，我相信她一定会喜欢这条项链的，因为项链的颜色就像她的眼睛一样。"

　　店主拿出了那条项链，装在一个小盒子里，用一张漂亮的红色包装纸包好，还在上面系了一条绿色的丝带。他对小女孩说："拿去吧，小心点。"

　　小女孩满心欢喜，连蹦带跳地回家了。

　　在这一天的工作快要结束的时候，店里来了一位美丽的姑娘，她有一双蓝色的眼睛。她把已经打开的礼品盒放在柜台上，问道："这条项链是从这里买的吗？多少钱？"

　　"本店商品的价格是卖主和顾客之间的秘密。"

　　姑娘说："我妹妹只有几枚硬币，这条宝石项链却货真价实。她买不起。"店主接过盒子，精心将包装重新包好，系上丝带，又递给了姑娘："她给出了比任何人都高的价格，她付出了她所有的一切。"

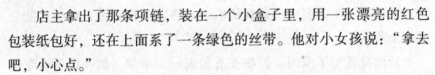

# 89. 第一百个顾客

中午高峰时间过去了，原本拥挤的小吃店客人都已散去，当老板正要喘口气翻阅报纸的时候，有人走了进来。那是一位老奶奶和一个小男孩。

老奶奶坐下来拿出钱袋数了数钱，叫了一碗汤饭，热气腾腾的汤饭。

奶奶将碗推到孙子面前，小男孩吞了下口水望着奶奶说："奶奶，您真的吃过午饭了吗？"

"当然了，"奶奶含着一块萝卜泡菜慢慢咀嚼。一转眼工夫，小男孩就把一碗饭吃个精光。

老板看到这场景，走到两个人面前说："老太太，恭喜您，您今天运气真好，是我们的第一百个客人，所以这碗汤饭是免费的。"

此后，过了一个多月的某一天，老板看见那个小男孩蹲在小吃店对面像在数着什么东西。无意间望向窗外的老板被吓了一大跳。

原来小男孩每看到一个客人走进店里，就把小石子放进他画的圈圈里，但是午餐时间都快过去了，小石子却连50个都不到。

心急如焚的老板急忙打电话给所有的老顾客："很忙吗？没什么事，我要你来吃碗汤饭，今天我请客。"像这样打电话给很多人之后，客人开始一个接一个到来。

"81，82，83……"小男孩数得越来越快了。终于，当第九十九个小石子被放进圈圈里的那一刻，小男孩匆忙拉着奶奶的手进了小吃店。

"奶奶，这一次换我请客了。"小男孩有些得意地说。

真正成为第一百个客人的奶奶，让孙子招待了一碗热腾腾的牛肉汤饭。而小男孩就像奶奶一样，含了块萝卜泡菜在嘴里嚼着。

"也送一碗给那个男孩吧。"老板娘说。

"那小男孩现在正在学习不吃东西也会饱的道理呢!"老板回答。

吃得津津有味的奶奶问小孙子:"要不要留一些给你?"

没想到小男孩却拍拍他的小肚子,对奶奶说:"不用了,我很饱,奶奶您看……"

# 90. 爸爸妈妈要出差

今天放学回家,艳艳看见奶奶又在剥花生、砸核桃。

奶奶今年87岁了,坐在小凳上,把一颗颗花生剥开,看长虫没有,发霉没有,一粒粒地凑近眼前细细看。她把大的放进一个大盘里,小的放进一个小盘里。她的手不灵便了,费力地剥着,专心地选着,细细地察看着,不让一粒霉花生混进盘里。剥完了,选好了,把花生洗干净后放在铁锅里加油炒。她把小粒的花生先炒,她说:"混在一起就炒煳了"。奶奶专心地炒着,快活地炒着,嘴唇一张一张的,像是香得她也想吃一样。一会儿奶奶说:"艳儿,快来尝尝,炒香没有? 可别炒焦了。"

艳艳知道,奶奶没牙齿了,嚼不动花生,帮奶奶品尝:"真香,真香!"奶奶炒好花生,又用小锤在案板上砸核桃。奶奶一锤一锤地砸着,费力地砸着,白头发一飘一飘的。艳艳一直看着奶奶,奇怪地问:"奶奶,你又吃不了花生和核桃,炒这么多花生,砸那么多核桃干吗?"

奶奶说:"你爸爸最喜欢吃花生,妈妈最喜欢吃核桃,他们明天都要出差,我给他们一人装一点,让他们带上。"

平常爸爸妈妈每天晚上7点钟一定到家的,今天都8点了还不回家。快9点了,爸爸妈妈才敲门回来。他们的两手都提着大包的东西,艳艳忙去接过。哇! 都是好吃的东西,还有一包热气腾腾的

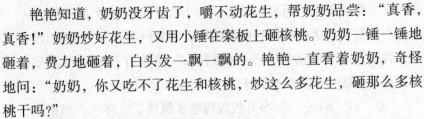

包子呢。妈妈高兴地说:"总算等到了这笼小笼包子,好多好多的人排队买。"

艳艳问:"我不喜欢吃包子。你们不是也不喜欢吃包子的吗?"

妈妈说:"奶奶最喜欢吃小笼包子了。妈,趁热,快来吃!"

爸爸还从大提包里取出蛋糕,酥饼,开心果,巧克力……妈妈说:"我们明天都要出差,给你们多准备点吃的。"

艳艳看见,奶奶吃着热腾腾的包子,眼里含着泪花;爸爸妈妈看见奶奶炒的花生,砸的核桃仁,眼里也含着泪花。

# 91. 野猪和马

野猪生性懒惰,不爱清洁,全身上下长着棕褐色的粗毛,两只獠牙丑恶地突出在外,耳朵和尾巴都短小。总的说来就是不美观,不太惹人喜爱。

马是一种很优雅的动物,高昂挺拔的身躯,漂亮的鬃毛,匀称的四肢,奔跑起来英姿飒爽。让野猪和马站在一起,就像丑小鸭和白天鹅对比那么强烈。

野猪从不为自己的长相发愁,自由自在游戏于青山绿水之间。它很会享受生活,从来没有对生活失去过信心,它单纯宽厚的心中永远充满热情,永远相信任何人。

马对它的邻居野猪没有一丝好感,在它高傲的心中只有自己,它始终认为自己是世界上最高贵的动物,一身雪白的皮毛足以显示它的威风。尽管野猪非常希望能同马处好邻居关系,但是马却从来不理睬它,马认为野猪太脏太丑,不配同它做朋友。瞧那头野猪,时常把青草糟踏得一塌糊涂,喝水时又总是把水弄浑。马一想到这儿,气就不打一处来,它一定要好好教训教训这个家伙。

野猪始终对马是尊重、和善、亲切的,它时常捉些蚯蚓、蛇和甲虫来与马共同分享，并对白马发表一些有关小爬虫的美食评论，鼓动马也享受一下快乐的生活方式。但是，马却对野猪这一套不感兴趣，它压根儿就不吃什么爬虫。

一天，马悠闲地在森林里散步，只听"砰砰……"几声枪响，然后就是嘈杂的狗叫声。又是猎人！马无奈地摇摇头，这些贪婪的人类，专干这种坏事，无止无休地残害着无辜的动物来满足自己的欲望。哎，谁让他们这么强大呢。想到这儿，马有了主意，它要借助猎人的力量对野猪进行教训。

马找到猎人，求他帮忙。猎人说："如果你肯套上辔头，听我驾驭，我才能帮助你。"马毫不犹豫地同意了猎人的条件。猎人给马配上马鞍，骑了上去，马别扭极了，它疯狂地奔驰，但猎人双腿夹着马腹，双手紧紧握住缰绳。马无论怎样奔跑、扭动都无法摆脱猎的人控制，自由已经不再属于它。好在猎人还算守信，帮他制服了野猪，但事后，猎人把马牵了回去拴在槽头上。

马追悔莫及，痛恨不该被自己一时的愤怒冲昏头脑，虽然向所恨的人报了仇，却将自己置于别人的控制之下。

# 92. 大象和狮王

狮王非常喜欢大象。因为大象虽然不像狮王那么威风凛凛，可是，狮王很羡慕大象那么镇定，那么从容不迫。

狮王常和大象呆在一起。它们在一起吃饭，一起散步，一起讨论大森林里的各种事情。如果你在树林里看见了大象，你就一定能发现它身边的狮王。

"狮王在动物中最喜欢大象。"这消息像一阵风一样，很快就传遍森林。森林里的动物纷纷议论起来。

河马把脸拉得长长地问："大象长得并不漂亮啊！它是用了什么

方法讨好狮王的呢?"

狐狸甩着大尾巴说:"假如大象的尾巴像我的尾巴那么漂亮,它被狮王看上了,我还不觉得奇怪。可是,它没有呀!"

黑熊挥舞着它的巨掌,说:"如果大象的爪子有这么锋利,那我倒也没话可说了。问题是:大象有这么了不起的爪子吗?"

野牛问:"莫非,大象靠的是头上的角?"

驴子抢着说:"不是,不是! 大象讨狮子喜欢,完全是因为它有长得叫人恶心的鼻子和大得吓人的耳朵呀!"

动物们怀着恶意大笑起来。

正巧,狮王和大象从附近路过,它们听到了这些刺耳的怪话,大象笑了笑,不生气。狮王不平地说:"这些家伙拼命地贬低别人,完全是为了借这个机会抬高自己啊!"

# 93. 互帮互爱的小动物

雪这么大,天气这么冷,地里、山上都盖满了雪。小白兔没有东西吃了,饿得很,他跑出门去找。

小白兔一面找一面想:雪这么大,天气这么冷,小猴在家里,一定也很饿。我找到了东西,去和他一起吃。

小白兔扒开雪,嘿,雪底下有两个萝卜。他多高兴呀!

小白兔抱着萝卜跑到小猴家。敲敲门,没人答应。小白兔把门推开,屋子里一个人也没有。原来小猴不在家,也去找东西吃了。

小白兔就吃掉了小萝卜,把大萝卜放在桌子上。

这时候,小猴在雪地里找呀找,他一面找一面想:雪这么大,天气这么冷,小鹿在家里,一定也很饿。我找到了东西,去和他一起吃。小猴推开雪,嘿,雪底下有许多花生。他多高兴呀!

小猴带着花生,向小鹿家跑去。跑过自己的家,看见门开着,他想：谁来过啦?

他走进屋子，看见萝卜，很奇怪，说："这是从哪来的?"他想了想，知道是好朋友送给他吃的，就说："把萝卜也带去，和小鹿一起吃!"

小猴跑到小鹿家，门关得紧紧的。他跳上窗台一看，屋子里一个人也没有。原来小鹿不在家，也去找东西吃了。

小猴就把萝卜放在窗台上。

这时候，小鹿在雪地里找呀找，他一面找一面想：雪这么大，天气这么冷，小熊在家里，一定也很饿。我找到了东西，去和他一起吃。小鹿推开雪，嘿，雪底下有一棵青菜。他多高兴呀!

小鹿提着青菜，向小熊家跑去。跑过自己的家，看见雪地上有许多脚印，他想：谁来过啦?

他走近屋子，看见窗台上有个萝卜，很奇怪，说："这是从哪来的?"他想了想，知道是好朋友送来给他吃的，就说："把萝卜也带去，和小熊一起吃。"

小鹿跑到小熊家一看，大门锁着。屋子里没有人。原来小熊不在家，也去找东西吃了。

小鹿就把萝卜放在门口。

这时候，小熊在雪地里找呀找，他一面找一面想：雪这么大，天气这么冷，小白兔在家里，一定也很饿。我找到了东西，去和他一起吃。

小熊推开雪，嘿，雪底下有一个白薯。他多高兴呀!

小熊拿着白薯，向小白兔家跑去；跑过自己的家，看见门口有个萝卜，他很奇怪，说："这是从哪来的?"他想了想，知道是好朋友送来给他吃的，就说："把萝卜也带去，和小白兔一起吃。"

小熊跑到小白兔家，轻轻推开门。这时候，小白兔吃饱了，睡得正甜哩。小熊不愿吵醒他，把萝卜轻轻放在小白兔的床边。

小白兔醒来，睁开眼睛一看："咦！萝卜回来了！"他想了想，说："我知道了，是好朋友送来给我吃的。"

## 94. 丢了鼻子的小白象

在大森林的一条河边，住着象妈妈和她的小白象。小白象很淘气，总喜欢用它的长鼻子吸水玩。它一会儿朝小鹿身上喷，一会儿又朝山羊爷爷的门口射，小伙伴们都非常讨厌它。

一天中午，小白象又悄悄藏在河边。见猴子来喝水，小白象吸了一鼻子水，趁猴子不防备，"呼"地一声，喷得小猴满身是水。又过了一会儿，一只老狮子走来洗澡，小白象等它一靠近，猛地又喷过去一柱水。开始，老狮子不理它，小白象却乐滋滋地自言自语："老狮子有啥能耐，还不是被我的水枪打败了。"它就又向老狮子开了"枪"。谁想，这下可把老狮子惹怒了，扑过来，一口咬住了小白象的长鼻子，使劲儿一撕，长鼻子掉下来了，老狮子叼着走了，疼得小白象直在小河滩上打滚。

小白象丢鼻子的事儿，很快传遍了山林。猴子、小鹿、野猪、白兔都跑来看丢鼻子的小白象。小白象恳求说："你们快帮帮忙，让狮子还给我的长鼻子吧！"大家想到它平时的调皮捣蛋，都不大愿意帮它的忙。小伙伴们走散了，小白象哭着回到了家。象妈妈看见后吃了一惊，小白象把丢鼻子的经过说了一遍。象妈妈听了，耐心地对小白象说："白白呀，这都是你淘气的结果呀！往后，千万可要听话呵！"

打那以后，小白象非常听妈妈的话，经常帮妈妈干活儿，还用心学习。它主动到老狮子家赔礼道歉。老狮子也很后悔，说："都怪我脾气坏，把你的鼻子咬下了，现在你变成了个好孩子，就把鼻子还给你吧。"小白象恭恭敬敬地从老狮子手里接过鼻子，让小马医生给它安上。从此，它又变成了有鼻子的小白象啦！

# 95. 兔子的友谊

兔子把脚给扎破了，整整一个星期不能走动。刺猬便用身上的刺替兔子背来了浆果、菜叶子，送来了许多干粮，直到兔子痊愈。于是兔子说："谢谢你，刺猬。让我与你交个朋友，同意吗？"

"当然行，"刺猬说，"好的朋友就该结交。"

一天，兔子上刺猬家做客，路上碰见了小松鼠，便停下和小松鼠打招呼。

"你最近在干什么活儿？"松鼠问兔子，"我可不喜欢懒汉。"

"哎哟，小松鼠，你这身皮毛真是太漂亮了，背上还有一些暗色花纹。让我与你交个朋友好吗？我和刺猬交过朋友，可我不喜欢它，因为它是个多刺的家伙。"

"好吧，"松鼠说，"不过今天我还有许多工作，改天再谈吧！"

"哎，松鼠，你腮帮子怎么鼓鼓的，牙痛吗？"

"不，那是核桃。"

"核桃？在哪儿？"

"在我嘴里。"

"你总是含着核桃过日子吗？"

"怎么会呢？我得把它们去壳、晒干，然后放入我们的小仓库，预备着过冬。我得走了，以后再和你闲聊，现在我们大伙在收集核桃。"过了一星期，兔子到松鼠家做客，路上遇到了黄鼠，兔子便上前说："瞧你多棒，能像个木头橛子似的直站着，我和松鼠交过朋友，可它太严肃了。还是和你交朋友好，行吗？"

"交朋友就交呗！"黄鼠同意了。

"刚才你为什么吹口哨？"

174

"我喜欢呀!"

"教教我好吗?"于是黄鼠花了很长的时间在那儿努力教兔子吹口哨,最后黄鼠挥挥手说:"你这样可不行,应该吹,可你总'吱吱'尖叫。"

"你吹得不也和我一样吗?"

"好吧,既然你会了就吹去吧!"黄鼠有些生气,说着便钻入了洞穴。

一天,兔子在池塘边看见了小狗。

"哎,小狗,等等我!"

"叫我干吗?"小狗问,"有什么事说快些,我忙着呢!"

"你在干吗?"

"我得去看护那群鹅。"

"是这样。对了,你怎么这般长毛蓬松的模样?"

"我生来就这样。"

"我真喜欢你,"兔子说,"我和刺猬交过朋友,后来又与松鼠交了朋友。现在我不想与它们交朋友了,你比它们都好,和我做朋友好吗?"

小狗看了看兔子,然后生硬地说:"不,我不想与你做朋友。"说着就朝池塘的另一个方向跑走了。

"为什么小狗不愿与我交朋友?"兔子感到很惊讶。

小朋友们,你们知道吗?

# 96. 孤零零的狐狸

黄牛看见狐狸在树下"呜呜"哭泣,问他为什么悲伤。

狐狸抹了一把眼泪,说:"人家都有三朋四友,唯独我孤零零的,心里难受哇!"

黄牛问:"花猫不是你的朋友吗?"

狐狸叹口气,说:"花猫与我交友一年,没请过我一次客,这算什么朋友?我早跟他散伙了!"

黄牛又问:"山羊不是你的朋友吗?"

狐狸摇摇头,道:"山羊与我结拜半年,从未给过我一分钱的好处,还是啥朋友?我早跟他断绝往来了!"

黄牛长叹一声,再问:"听说你跟大黑猪的关系还可以?"

狐狸气得直跺脚,说:"我早把他给蹬了。你想想,大黑猪能帮我什么忙?当初我根本就不该认识那个蠢家伙!"

黄牛戏谑地一笑,调侃地说:"狐狸先生,我送你一样东西吧!"

狐狸眼睛一亮,止住哭:"什么?"

黄牛扭过头,扔下一句:"可悲!"说完,头也不回地走了。

# 97. 充满爱心的"药王"孙思邈

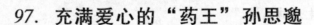

孙思邈(581～682年),唐代医学家。京兆华原(今陕西耀县)人。少时因病学医,对医学有较深研究,并博览群书,兼通佛典。

孙思邈出生在一个穷苦人的家里。他小时候体弱多病,父母不得不带着他到处借钱求医,终于治好了病。他看到不少乡里人因为家里穷,生了病没钱治而绝望的死去,心里非常难过。他说:"救活一条命是多么重要啊!人的生命只有一次,死了就不能复生,比黄金贵重得多。金子可以慢慢地挣到,人的生命千金也买不到啊!"他下决心钻研医学,立志要拯救千百万病人的生命。

孙思邈刻苦学习,很快就成为一位学识渊博的医生,他的名声渐渐传到京城长安。隋文帝召他入朝,给朝廷里的官员看病。孙思邈借口有病推辞了。后来唐太宗又召他入朝,答应给他爵位,唐高宗让他做谏议大夫,他都一口回绝了。他想永远留在民间,给那些没有钱治病的老百姓服务。

孙思邈的针灸技术很高明。有个病人说他的大腿有一个地方十分疼痛，连腰都不能弯。孙思邈给他开了一剂药，没有效果，就决定给他针灸。可是，一连扎了好几个穴位，病人还是说痛。孙思邈想，人的身上有365个穴位，是不是除了这些穴位之外，还有其他的穴位没有被发现呢，他决定仔细地寻找一下。他一边用手在病人身上轻轻地按掐，一边问："这儿痛不痛？"他按掐了许多部位，病人总是摇头，他继续耐心地寻找着。当他按到一个部位的时候，病人忽然大叫起来："啊……是，就是这儿！"孙思邈就在病人说痛的地方扎了一针，病人很快就不痛了。这个穴位医书上没有记载，孙思邈根据病人说的"啊……是"，把这个穴位定名为"阿是穴"。因为这个穴位没有固定的位置，哪里疼痛，就在哪里针灸。后来，人们就把随着疼痛点而确定的穴位，都叫做"阿是穴"。

孙思邈一生在医药学方面做出了许多杰出的贡献，他系统的整理收集了6500多个药方，长期居住民间，为百姓治病，潜心研究，治愈了大脖子病、夜盲症、脚气病等当时的疑难病症，并对针灸、养生、食疗、炼丹等作了研究。后世的人们都非常尊敬他，称他为"药王"。

# 98. 缺乏爱心的财主

春秋时期，有一年齐国发生了严重的饥荒，庄稼颗粒无收，老百姓们都吃不上饭，有许多人饿死了，没死的也是饿得皮包骨头，到外面去逃荒要饭。

有个叫黔敖的财主，家里囤积了许多粮食。看到今年的灾情这么严重，他手下有个人就向他提议说："外面的饥民都是好多天没有吃饭的，您要是熬点稀粥给他们喝，他们就会对您感恩戴德，您一定能得到一个好名声。"

黔敖听了，觉得很有道理，就真的在路旁架了口大锅，熬了稀粥，施舍给那些路过的饥民。那些饥民们一个个都饿得受不了了，见黔敖施舍稀粥，对他都是千恩万谢的。黔敖心中也很得意，觉得自己简直就是这些人的救命恩人，忍不住就趾高气扬起来。

这时，又有一个饿汉走了过来，只见他用破烂的衣袖掩着脸，脚上拖着一双破鞋，走起路来东倒西歪的，浑身没有一点力气。一看就知道，他肯定也是好几天没有吃过东西了。

黔敖见了，就用勺子敲着锅沿，对那个人叫道："喂！过来吃吧！"语气中充满了居高临下的得意。

没想到，那个饿汉对锅里的稀粥看都不看一眼，只是扬起脸，把目光注视着黔敖，说："我就是因为不吃这种轻蔑地呼唤别人来吃的东西，才饿成这个样子的。我宁可饿死，也不会吃的！"

饿汉说完，头也不回地走了。最后，这个人真的饿死了，一直到死，他也没有吃一口那些轻蔑地让他去吃的"嗟来之食"。

黔敖万万没有想到，自己的善意会伤害到饿汉的自尊心，假如他的态度比较谦和，悲剧也就不会发生了。看来自己不喜欢的事情，还是不强加给别人为好，正所谓"己所不欲，勿施于人"。

# 99. 燕子和杜鹃

在一个美丽的日子里，燕子衔来树枝和泥土筑了一个又暖和、又结实的窝，因为她就要做妈妈了。

杜鹃也要做妈妈了，可她什么也不准备，每天飞来飞去地看谁的窝筑得好。她看到森林里数燕子的窝筑得最好，便向燕子的窝飞去。

"你好啊，燕子！"杜鹃做出十分亲热的样子。燕子也不好意思拒绝杜鹃。她走出窝来，请杜鹃进去了。

杜鹃学着燕子孵蛋的样子，蹲下身子，说："多么舒服啊！让我多待一会儿。"过了好一会儿，杜鹃从窝里走出来。

燕子接着孵蛋，但她没有发现，在她翅膀下面多了一个杜鹃蛋。

孵蛋的日子过得真慢啊！燕子耐心地等着。终于，燕子翅膀底下有啄蛋壳的声音了。

燕子把那只破壳的蛋移到面前，一看，小鸟的脑袋伸了出来。燕子妈妈高兴极了，帮助小鸟出了蛋壳。她慈爱地看着她的第一个孩子，用嘴梳理着他又湿又乱的羽毛。

这只小鸟的个儿比一般刚出壳的小鸟要大得多。燕子妈妈只顾高兴，根本没注意到那是只小杜鹃。

过了几天，另外 3 只蛋也破壳了。那只个头儿大的鸟胃口特别好，他总是吃不饱。燕子妈妈宁愿自己挨饿，也要把食物给小杜鹃和自己的孩子们吃。她把所有的爱都给了孩子们。

就这样，在燕子的精心照料下，孩子们一天天长大了，他们可以自己觅食了。而这时，燕子妈妈已经动不了了。但孩子们很孝顺，尤其是小杜鹃，每天总是把食物给燕子妈妈送过来。而那只杜鹃妈妈呢？却因为没有食物饿死了。

# 100. 快乐的小棕熊

棕熊妈妈有一个可爱的小棕熊宝宝。小棕熊已经有半岁了，是个又乖巧又调皮的孩子。

棕熊妈妈每天都带着小棕熊去抓鱼，妈妈捉的鱼又多又好。

熊妈妈捉鱼时，小棕熊就在河边玩儿。

熊妈妈常常说："乖宝宝，你也学着捉一条鱼吧！""不嘛，不嘛！妈妈捉得快！还是妈妈捉！"每一次，小棕熊都这样回答。

这一天，熊妈妈像往常一样，跳到河里捉鱼。可是，她显得有气无力的样子。好几次，眼看着鱼儿从她身边游过，就是抓不着。小熊急得在岸上又跳又叫："妈妈，鱼来啦，快抓呀!"从日出到日落，熊妈妈连一条鱼也没抓着。

一连几天都是这样，熊妈妈饿得走不动了。小棕熊想：妈妈病了，再不吃东西，身体会受不了的。于是，小棕熊拎起小桶直奔河边。像熊妈妈那样，他跳下河，拍打着水面。一条鱼儿游过来了，小棕熊猛地一抓，鱼被牢牢地抓住了。就这样，小棕熊抓了一条又一条。一会儿，小桶就装满了。

小棕熊拎起桶，高高兴兴地回家了。他把鱼做好了给妈妈吃，妈妈的病很快就好了。从那以后，小棕熊依然天天跟妈妈一起去抓鱼，但他不舍得让妈妈下水，每次都是他提鱼，棕熊妈妈在岸上等着。

可爱的小棕熊已经长大了，他把妈妈照顾得很好。他可真是个孝顺的好孩子。

# 101. 乌鸦反哺

很早以前，有一个孩子不孝敬爹娘，爹娘没有办法，只好找孩子的舅舅诉苦。孩子的舅舅是个放羊倌，每天在山坡上放羊。他虽然没有文化，但对教育子女却很有一套。他对孩子的爹娘说："把外甥交给我吧，过一段时间他就会回心转意，成为孝敬父母的好孩子。"

第二天，孩子的爹娘把孩子送到了舅舅家。舅舅见了外甥，既不骂，也不打，二话没说，把一根放羊鞭递给了外甥。

6月的一个晌午，太阳像火球一样烤着山坡，鸟儿都藏在树阴里不出来了。舅舅也把外甥带到一棵大树下乘凉。

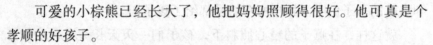

180

这时，有几只小乌鸦在炎热的太阳下飞来飞去。外甥好奇地问舅舅："这几只小乌鸦不怕热吗？它们不停地飞来飞去忙什么呢？"

舅舅指了指大树上的鸟窝说："我猜想鸟窝里有一只老得飞不动了的乌鸦，正仰着头，张着嘴，等着小乌鸦一口一口地喂食呢！要是没有这些懂事的小乌鸦喂它，它会饿死的。乌鸦自从生育了子女，每天早出晚归，辛苦地觅食喂养自己的子女。在老乌鸦年迈到无法出去觅食的时候，它的子女便会出去寻找可口的食物孝敬老乌鸦，照顾老乌鸦，并且从不感到厌烦，直至老乌鸦自然死亡，这就叫'乌鸦反哺'！"

外甥一边听，一边默默地低下了头。停了一会儿，舅舅又说："乌鸦还知道反哺，人难道就不知道孝敬自己的父母吗？"

外甥听了舅舅的一席话，懊悔地哭了……从那以后，外甥成了一个远近闻名的大孝子！

## 102. 颍考叔劝君孝母

颍考叔是春秋时期郑国的一名官吏，他以孝而闻名于天下。

当时，郑国国君郑庄公的母亲和弟弟串通，里应外合，意图谋反。郑庄公得知这一消息后，很快平息了叛乱。他一怒之下，把母亲软禁了起来，并发誓说："不到死后埋入黄泉，绝不相见！"

颍考叔觉得庄公身为国君，如此处理母子关系，会给全国百姓带来不好的影响，于是决定去劝谏庄公改变初衷。

庄公接见颍考叔时，赐给他酒食。颍考叔却把一些美味的肉食放在一边，舍不得吃。庄公很好奇，问他为什么不吃。颍考叔回答说："微臣家有老母，她从来没有吃过国君赐的美食，所以想带些回去，让她老人家尝一尝。"

庄公听后，动情地说："你没有美食，可以带回去送给母亲吃；

我虽有美食，却因有誓言在先而不能送！"

颖考叔听后，说："无妨，只要挖一条隧道通向地下的泉水，这样你们母子就可在地下的水边相见了！"

庄公采纳了他的建议，立即命人挖掘地道，并派人将母亲请到地道中相见。从此，母子二人和好如初。

# 103. 田世国为母捐肾

2004 年 9 月 30 日，上海复旦大学附属中山医院给一对母子做了一个非常特殊的手术：医生先从年仅 38 岁的儿子身上摘取了一个鲜活的肾脏，然后移植到身患绝症、年过花甲的母亲体内。

这个令人称颂的孝子叫田世国，是广州国政律师事务所的一名律师。

2004 年 3 月 26 日，田世国接完弟弟打来的电话后脸色大变。在妻子的追问下，他哽咽着说："妈被确诊为尿毒症，已经到了晚期！"

当天晚上，田世国赶往枣庄直奔医院。医生对他说："尿毒症患者主要靠血液透析或换肾来维持生命，但肾源不好找。"田世国思来想去，最后，他决定给母亲进行肾移植手术。

上海复旦大学附属中山医院泌尿外科主任朱同玉教授深有感触地对田世国说："我从事肾移植手术多年，常见的活体肾移植主要是父母捐给孩子，而小辈捐肾给长辈的，我从没见过，像你这样主动要求给母亲移植肾的，就在国内也绝无仅有。"他还特别告诉田世国，捐一个肾脏虽然对今后的日常生活不会产生太大影响，可是一旦唯一的肾脏受到损害，就会危及生命，所以要慎重抉择。

田世国坚定地说："我妈操劳一生，到该享福的时候却患了重病，我一定要救她！"

9 月 30 日早上 7：00 手术开始了，母子俩一个在楼上，一个在楼下，同时进行手术。手术一直持续到下午1：50，做得十分成功。田世国的母亲刚被推出手术室，儿子的肾便开始在她体内正常工作了。

手术后，换肾成功的母亲回到枣庄老家，她一进家门便高兴地说："想不到我又活着回来了！"

# 104．一碗牛肉面

读大学的那几年，为了磨炼一下自己，我一直在姨妈的饭店里打工。

那是一个春寒料峭的黄昏，饭店里来了一对特别的父子。说他们特别，是因为那个父亲是个盲人。他身边的男孩小心地搀扶着他。那男孩衣着朴素的近乎寒酸，身上却有着一份沉静的书生气。男孩把老人搀到一张离我的收银台很近的桌子旁边坐下。

"爸，您先坐着，我去开票。"说着，他放下手中的东西，来到我的面前。

"两碗牛肉面。"他大声地说。我正要低头开票，他忽然又面带窘迫地朝我用力摆手。我诧异地抬起头，他用手指着我身后的价目表告诉我，要一碗牛肉面，一碗葱油面。我先是一怔，接着便明白了他的用意，他叫两碗牛肉面是说给他父亲听的。我会意地冲他一笑，开出了票。他的脸上顿时露出感激的神色。

厨房很快就端来了两碗热气腾腾的面。男孩小心地把那碗牛肉面移到他父亲的面前，细心地招呼着："爸，面来了，您小心烫。"自己则端过了那碗葱油面。

老人却并不急着吃面，只是摸摸索索地用筷子在碗里探来探去，好不容易夹住了一块牛肉就忙不迭地用手去摸儿子的碗，把肉往儿子碗里夹。

　　"吃，你多吃点。"老人一双眼睛虽然无神，脸上的皱纹间却满是温和的笑容。让我感到奇怪的是，那个男孩并不阻止父亲的行为，而是默不作声地接受了父亲夹来的肉片，然后再悄无声息地把肉片夹回到父亲的碗中。

　　"这个饭店真厚道，面条里有这么多肉。"老人心满意足地感叹着。那个男孩这时趁机接话，说："爸，你也快吃吧，我的碗里都装不下了。""好，好，你也快吃。"老人终于低下了头，夹起了一片牛肉，放进嘴里慢慢咀嚼起来。男孩微微一笑，这才张口吃他那碗只有几点油星的面。

　　姨妈不知什么时候也站到了我的身边，静静地望着这对父子。这时厨房的小张端来了一盘干切牛肉，姨妈努嘴示意，让小张把盘子放在那对父子的桌子上。

　　那个男孩抬头看了一下，见自己这一桌并无其他顾客，忙轻声提醒："你放错了吧？我们没有叫牛肉。"

　　姨妈走了过去："没错，今天是我们店开业一周年庆典，牛肉是我们赠送的。"

　　男孩笑了笑，不再发出疑问了。他又夹了几片牛肉放进父亲的碗中，然后把剩下的都放入一个装着馒头的塑料袋中。

　　这时进来了一群附近工地上的建筑工人，店堂里顿时热闹起来。等我们忙着招呼完那批客人时，才发现男孩和他的父亲已经吃完面走了。

　　小张去那张桌收拾碗时，发现在男孩的碗下压着几张纸币，那几张钱虽然破旧，却叠得平平整整，一共是6元钱，正好是我们价目表上一盘干切牛肉的价钱。一时间，所有的人都说不出话来。

　　很多年过去了，我一直不曾忘记那对父子相濡以沫的一幕，不知他们如今可好。想来那样的儿子一定能为父亲和自己营造出一份温馨和安逸。对这一点，我深信不疑。

# 105. 伏天的"罪孽"

"大热天，真是没事找事。"商场侦探亨利嘀咕着，他的制服已被汗水浸透。一位窄脸妇女正在他面前尖声诉说着什么。真是，丢掉的钱既然已经找到了，就算了呗！可她却不善罢甘休，仿佛站在桌前的这个小男孩真是一个危险的罪犯。亨利思忖着，是的，10块钱对大人也是不小的诱惑，何况对这个穿得破破烂烂的小孩子。

"是的，我没亲眼看到他偷钱。"那位太太唠叨着，"我买了一样东西，又要去看另一件货，就把10块钱放到柜台上。刚离开几分钟，钱就跑到这个小贼骨头的手上了。"

亨利这才发现，桌角那边还有个小女孩，她正用蓝蓝的大眼睛静静地看着自己。亨利问男孩："是你拿走钱的吗?"小男孩紧闭着嘴唇，点了点头。"你几岁了?""8岁了。""你妹妹呢?"男孩低头望了望他的小伙伴："3岁。"

在这大伏天里，孩子也许只是为了拿它去换点冰淇淋。可这位太太却咬定孩子是窃贼，非要惩罚他们不可。亨利不由得心疼起这两个孩子来了。"让我们去看看现场吧。"男孩紧紧拉着小女孩的手，跟着大人们向前走去。

柜台后面一个风扇吹来的风使亨利觉得凉爽些了。他问："钱在哪儿放着?""就在这。"太太把10块钱放在柜台上售货记账本的旁边。

亨利打量了一下小女孩，掏出几块糖来："爱吃糖吗?"女孩扑闪了一下大眼睛，点了点头。亨利把糖放在钱上面："来，够着了就给你吃。"小女孩踮起脚尖，竭力伸长小手，可还是够不着。亨利把糖拿给小女孩。太太在一边嚷起来："我不跟你争辩。难道他们可以逃脱罪责吗? 领我去见你的老板……"亨利没理会，他正注视着那

185

*10* 块钱，柜台后面的风扇吹着它，它开始滑动，滑动，终于从柜台上飘落下来。

钱落在离两个孩子几尺远的地方。女孩看到钱，便弯腰捡起来递给哥哥，男孩毫不犹豫地把钱交给了亨利。"原先那钱也是你妹妹给你的对吗？"男孩点了点头，眼里涌出委屈的泪水。

"你知道钱是从哪来的吗？"男孩使劲摇着头，终于大声哭了出来。"那你为什么要承认是你偷的呢？"男孩泪眼模糊地说："她……她是我妹妹，她从不会偷东西……"

亨利瞟了一眼那位太太，看到她的头低了下来。

# 106. 为了哥哥

一位年轻的总裁，以比较快的车速，开着他的新车经过住宅区的巷道。他必须小心正在做游戏的孩子突然跑到路中央来，所以当他觉得小孩子快跑出来时，就要减慢车速。就在他的车经过一群小朋友的时候，一个小朋友丢了一块砖头打着了他的车门，他很生气地踩了刹车，并后退到砖头丢出来的地方。

他跳出车外，抓住那个小孩，把他顶在车门上说："你为什么这样做，你知道你刚刚做了什么吗？"接着又吼道："你知不知道你要赔多少钱来修理这台新车，你到底为什么要这样做？"小孩子哀求着说："先生，对不起，我不知道我还能怎么办？我丢砖块是因为没有人停下来。"小朋友一边说一边眼泪从脸颊落到车门上。他接着说："因为我哥哥从轮椅上掉下来，我没办法把他抬回去。"

那男孩啜泣着说："你可以帮我把他抬回去吗？他受伤了，而且他太重了，我抱不动。"

这些话让这位年轻的总裁深受感动。他抱起男孩受伤的哥哥，帮他坐回轮椅上。并拿出手帕擦拭他哥哥的伤口，以确定他哥哥没有什么大问题。

那个小男孩感激地说："谢谢你，先生，上帝保佑你。"然后男孩推着他哥哥离开了。

年轻的总裁慢慢地、慢慢地走回车上，他决定不修它了。他要让那个凹洞时时提醒自己：不要等周围的人丢砖块过来了，自己才注意到生命的脚步已走得过快。

# 107. 两根火柴

狂风魔鬼般咆哮着，鹅毛大雪满天飞舞。

在一间破旧的屋子里，一家四口围着炉子坐着。尽管如此，姐妹俩还是冻得不停地发抖。为了让大家忘掉寒冷，父亲决定玩个游戏。他神色凝重地说："现在家里穷得只能养活你们姐妹中的一个，而另一个必须丢掉。我们用抽火柴棍儿的方法决定留下你们中的一个。"

6 岁的妹妹和 8 岁的姐姐都睁大了惊恐的眼睛："爸爸说的是真的吗？"父亲转过头，对他的妻子使了个眼色，然后大声说："拿两根火柴来。"妻子递了两根火柴给他。

丈夫接过火柴，把手背到身后，过了一会儿又举到前面说："现在两根火柴中有一根被折断，谁抽到了短的，就必须离开这个家。"

空气像被寒冷的风冻住了。姐妹俩看着爸爸，再看看爸爸手中的火柴，想从爸爸脸上找出什么破绽，来证明这只是一场游戏。但爸爸神情严肃，使两人不得不做出选择。

姐姐的手在两根火柴间游动，可是它们都只露出一节一样长的火柴头。于是姐姐快速抽出一根，用手捂着跑到了一边。妹妹也用同样的速度抽出了剩下的那一根，躲到了另一边。

夫妻俩相视一笑，露出一副计谋得逞的表情。

这时，姐妹俩同时转回了身，脸上都带着忧伤的表情，随后慢慢地举起了各自手中的火柴。

夫妻俩被所看到的一切惊呆了：两根火柴都只剩下了火柴头！父亲先是一愣，忽然又恍然大悟：原来火柴都被折到了最短，姐妹俩只为能让另一个人留下来！

父亲的眼圈红了，这个男人的心中忽然涌出了一种混杂着幸福、悲伤和内疚的复杂情绪，他抱着两个女儿失声痛哭。

只有他自己知道：握在自己手里的原本就是两根没有折断过的火柴！

# 108. 是她为我关了窗

这一学期开学时，翻阅班上的辅导记录后，发觉自己带的新班级里，有一位特别的学生小安。她是中度智能障碍的孩子，因为她的父母亲希望她能够"回归主流"，与一般正常的孩子进行互动，所以来到了我的班级。

她看起来相当瘦弱，很怕生、很害羞，但说真的，我心里的紧张与不安，与她的恐惧正相形对比着。教学多年来，遇见的都是正常的孩子，这是第一次接触到智能障碍的孩子。我心里想着，这也许是上天要给予我的艰苦考验吧！

小安在班上很安静，静得几乎不发一语。她只认得自己的名字，对其他的汉字则一无所知。而我因为教学的忙碌，还要处理三十几个孩子大大小小的问题，所以一般情况下，我很少去注意她，更遑论跟她多说上一些话，有些时候我甚至会错觉她是一个客人，这班级里的一个小客人。上学时，无声地来；放学时，无声地去。

一直到有一天，我患了重感冒，不仅头晕眼花，更是整天鼻涕不停，昏昏沉沉。上课时，我不知去厕所吐了多少回……好不容易熬到了放学，学生一哄而散。这时的我仿佛虚脱般瘫坐在椅子上，没有力气。

忽地，我看见一个身影徘徊在门外。我起身一看，原来是小安。我问她："已经放学了，怎么还不回家呢？"她回答我："老师，你生病了，好可怜，我要留下来帮你关窗户。"我笑着应好，只见她天真地笑着，然后用着不甚灵活的双手，一个窗户一个窗户，细心地拉好锁上……

当她关好所有窗户后，跑到我的身边，突然伸出她的小手，摸着我的额头，用娇嫩的童音对我说："老师，你要赶快好起来喔！我会很坚强地照顾你的……"这句话，撼动了我的心，我眼含热泪抱住她，心底是满满的感动。我这才明白，原来，上天送给了我一个天使，这个天使虽然少了一对能够自在飞翔的翅膀，却有一副善良的心肠，而天使就在我身边。

人说上帝对你关上一扇门，必定会为你开一扇窗，正如小安，虽然她与正常的孩子有些不同，但她那颗充满仁爱的心让她比那些正常的孩子更显珍贵。

（周彦君）

# 109. 第十个警察

一大早，交警洛克刚刚值完晚班，正准备开车回家睡觉。忽然从垃圾箱后面跑出个小女孩，说："我迷路了，您能帮我找到家吗？"

洛克让女孩上车，然后一边慢慢开车一边询问女孩家的电话及父母的姓名。

"我家昨天才搬到这里，还没安电话。我爸爸叫凯特，妈妈叫凯莉，他们都很爱我。"女孩边摆弄着手里的布娃娃边说。

洛克只好带着她在街上转悠。突然，女孩问道："您爱您的爸爸妈妈吗?"听了孩子的话,洛克脸上有些不自然。因为他父亲是个吝啬鬼,母亲整天就会唠叨个没完,所以,他一直都不太想回那个家。

女孩似乎看出了洛克的不快,眨着无邪的眼睛说:"为什么会不开心?我永远不会离开我爸爸妈妈,他们也会爱我一辈子的。"

洛克转好几圈儿了,可女孩还是没有认出自己的家。停下车,洛克买了两份早餐,边吃边跟女孩讲自己的童年趣事。之后,洛克重新发动了汽车:"孩子,跟你聊天我非常开心。可现在我不得不带你去警察局。"当汽车拐过一个街角时,女孩突然抬手一指:"就是这里,这就是我的家……"

洛克抬眼望去,不由得吃惊地张大了嘴——那儿竟是一家孤儿院!女孩下了车,笑了笑:"您是送我回来的第十个警察,谢谢您。"

看到洛克有些不解,女孩笑了:"没什么。我只是想听听别人的童年故事,就这样。"说完,女孩跑向了孤儿院大门。进门的一刹那,她转过身子,举起手中的布娃娃,笑着说:"不过,我并没有说谎。瞧,这个是爸爸凯特,这个是妈妈凯莉。他们永远都不会离开我。"

洛克想要说些什么,但话到嘴边又咽下了。良久,洛克拿起电话,"喂,是我,洛克……不不不,这次我不是向您借钱的。爸爸,我只是问候一下,您和妈妈最近还好吧……"

最普通的人、最朴实的话语、最单纯的情感带给我们的往往是最真实、最真切的感动。

（李健）

# 110. 圣诞老人的助手

我还记得和祖母度过的第一个圣诞。那时我还是个孩子,我骑着自行车风驰电掣般穿过城镇,去找我的祖母。因为我的姐姐对我说："根本就没有圣诞老人。"这句话对我而言无异于晴天霹雳。

祖母在家，我把事情一五一十地告诉她。

"没有圣诞老人?!"她嗤之以鼻，"胡说八道！别相信那个。这谣言已经流传好多年了。现在穿上你的大衣，我们走。"

"走？去哪儿，奶奶?"我问。

"那儿。"原来是克比百货店。祖母递给我十美元。"拿着这钱，给需要的人买点东西，我在汽车里等你。"说完她转身走出了商店。

这是八岁的我第一次自己做主买东西。好一会儿，我只是呆呆地站在那儿，手里拿着十美元，绞尽脑汁地想买什么东西，给谁买。我把我认识的人一一想了个遍：我的家人、朋友、学校里的伙伴，还有一起去教堂的人。当我突然想到波比的时候，我有了主意，波比没有大衣，他从不在冬天课间出外运动。她母亲总是带口信给老师说他感冒了。但所有的孩子都知道他没有感冒，他只是没有大衣。我手里捏着十美元，渐渐地激动起来。我选中了一件红色灯芯绒带风帽的大衣。它看起来够暖和，波比会喜欢的。

那天晚上，祖母帮我把大衣用玻璃纸和彩带包好，然后在上面写上"给波比。圣诞老人。"祖母说圣诞老人总是要保密的，然后她开车带我去波比家，她解释说这样做以后我就成为圣诞老人的正式助手了。

祖母把车停在波比家旁的街上，她和我悄无声息地潜行到波比家旁的灌木丛中藏好。祖母推了我一把："好了，圣诞老人，"她低声说，"去吧。"

我深吸了一口气，冲到波比家的前门，把礼物放在台阶上，按响了门铃，然后飞快地跑回灌木丛，和祖母安全地待在一起。我在黑暗中屏息等待着，门打开了，波比站在那儿。

时光已经过去40年了，但我和祖母一起守在波比家门前灌木丛中的激动和兴奋丝毫没有褪色。那天晚上我认识到，那些关于没有

191

圣诞老人的可恶谣言就像祖母说的一样是"胡说八道"。圣诞老人不仅活着，而且活得很好。我们都是他的助手。

每个人都可以奉献出我们的爱心帮助那些需要帮助的人，只要我们心中有爱，都可以成为带给别人快乐的圣诞老人。

（杨洋）

# 111. 给母亲的短柬

柬虽短，但用字淳朴，发自真心，令人泫然。

在大阪梅田纪伊国屋书店，发现了一本动人的书，叫《给母亲的短柬》。我跳着看，最先看到千叶县一位 71 岁的须藤柳子写的："妈：转眼间我已古稀之年了，请千万仍然活着。我渴望有机会与你见面——我此生仍继续尽力寻找你。"

信很短，但"故事"呼之欲出，这是一个自欺欺人的渺茫的梦，但无人忍心戳破。

再挑选一些意译送给各位："当我见到桔梗花突然绽放，我想起你在年轻的日子，大太阳下，持着一把伞。"

"妈，不要再操劳了，你做得够多了，让我们把爷爷从医院带回家去——我好担心你俩都会死。"

"妈，每当我软弱，夜里想哭，我会梦见你温柔地拍着我的背。"

"我小的时候曾骂过：'你去死吧！'我多想把那小孩杀掉。"

"妈，节日来了，我常忆起儿时想吃你给父亲的供品的事情。现在，我的孙儿也有我当年那么大了。"

"求你来领我出去，妈，我在森林中迷路了！"

"在电话中说真有点不好意思，所以我偷偷写个字条：'对不起，妈'。"

"你那么忙：煮饭、洗衣、清洁、照顾小孩，种种之外，还有桩大事，便是紧盯爸的艳遇。妈，你好棒。"

"妈，你别遮掩自己穿几号衣好不好？我很难给你选购外套的。"

"你一定很奇怪，我是从来不给你写信的。彩子她有孕了，妈。"

"妈，你快乐吗？满足吗？你猝然去世后四年，我才有勇气问你这个问题。"

"你常插嘴，又是个爱离间的八婆，好讨厌呢——但你保持现状吧，因为这样证明你很健康。"

"妈，我今天在巴士站见到一个女人很像你，我帮她提袋子了。"

"妈，当哥哥战死沙场，你从未当众流过一滴泪。你究竟在何时何地哭泣？"

"我很后悔没告诉你，你只有三个月寿命。你一定有很多很多话未说。我一点忙都帮不上。"

"妈，你同那个男人一起开心吗——爸至死也一字不提。"

"妈，不要死，直至我觉得是时候了。不要死，要等我完全报答你，你不要死……"

束虽短，但用字淳朴，发自真心，令人泫然。

这些短束，也许没有一个可以被母亲看到，但不可否认，它们句句出自真心。母亲永远是我们有任何事时，第一个想要倾诉的对象。

（李碧华）

## 112. 母亲的第七十二封信

那天是小芳20岁的生日，在爷爷奶奶为她庆祝生日的欢乐气氛中，小芳却怀着忐忑不安的心情期盼着邮差的到来。如同每年生日的这一天一样，她知道母亲一定会从美国来信祝她生日快乐。在小芳的记忆中，母亲在她很小、很小的时候就独自到美国做生意去了，小芳的祖父母是这样告诉她的。

在她对母亲模糊残存的印象中，母亲曾用一双温润的手臂拥抱着她，用如满月般慈爱的双眸注视着她，这是她珍藏在脑海里，时时又在梦中想起的最甜蜜的回忆。

然而，小芳对这个印象已逐渐模糊，却有着既渴望又怨恨的矛盾情结，她一直无法理解为何母亲忍心抛弃幼小的她而远走他乡。在她的认识里，母亲是一个婚姻失败、抛弃女儿、不负责任的人。

小时候，每次在想念母亲的时候，小芳总是哭喊着让祖父母带她去美国找母亲，而两个老人总是泪眼以对地说："你妈妈在美国忙着工作，她也很想念小芳，但她有她的苦衷，不能陪你，小芳原谅你可怜的母亲吧！总有一天你会了解的。"

小芳仍焦急地盼望母亲这封祝福她20岁生日的来信。

她打开从小收集母亲来信的宝物盒，在成沓的信中抽出一封已经泛黄的信，这是她六岁上幼稚园那年母亲的来信："上幼稚园了，会有很多小朋友陪你玩，小芳要跟大家好好相处，要注意衣服整齐，头发指甲都要修剪干净。"

另外一封是16岁考高中时的来信："联考只要尽力就好，以后的发展还是要靠真才实学才能在社会竞争中脱颖而出。"在这一封封笔迹隽秀的信中，流露出母亲无尽的慈爱，仿佛千言万语，道不尽、说不完。

这些信是小芳十年成长过程中，最仰赖的为人处事准则，也是与母亲精神上唯一的交融。在过去无数思念母亲的夜晚，她总是抱着这只百宝箱痛哭，母亲！您在哪里？你体会到小芳的寂寞与思念了吗？为什么不来看你的女儿，甚至没留下电话地址，人海茫茫，让我到何处去找你？

邮差终于送来母亲的第72封信，如同以前一样，小芳焦急地打开它，而祖父也紧张地跟在小芳后面，仿佛预知什么惊人的事情要发生一样，而这封信比以前的几封更加陈旧发黄，小芳看了顿觉惊异，觉得有些不对劲。

信上母亲的字不再那么工整有力，而是模糊扭曲地写着："小芳，原谅妈妈不能来参加你最重要的20岁生日，事实上，每年你的生日我都想来，但要是你知道我在你三岁时就因胃癌死了，你就能体谅我为什么不能陪你一起成长，共度生日。原谅你可怜的母亲吧！我在知道自己已经回天乏术时，望着你口中呢喃喊着：妈妈、妈妈！依偎在我怀中，玩耍嬉戏的可爱模样，我真怨恨自己注定看不到唯一的心肝宝贝长大成人；这是我短暂的生命中最大的遗憾。"

"我不怕死亡，但是想到身为一个母亲，我有这个责任，也是一种本能的渴望，想教导你很多、很多关于成长过程中必须要知道的事情，来让你快快乐乐地长大成人，就如同其他的母亲一样，可恨的是，我已经没有尽母亲这个天职的机会了，因此我只好在生命结束前的最后日子，想象着你在成长过程中可能面临的事情，以仅有的一些精神与力气，夜以继日，以泪洗面地连续写了72封家书给你，然后交给在美国的舅舅，按照你最重要的日子寄回给你，来倾诉我对你美好的思念与期许。虽然我早已魂飞九霄，但这些信是我们母女此刻唯一能做的永恒的精神连线。"

"此刻，望着你调皮地在玩扯这些写完的信，一阵鼻酸又涌了上来，小芳还不知道你的母亲只有几天的生命，不知道这些信是你未来17年要逐封看完的母亲的最后遗笔，你要知道我有多么爱你，多舍不得留下你孤独一个人，我现在只能用细若游丝的力量，想象你20岁亭亭玉立的模样。这是最后一封绝笔信，我已无法写下去，然而，我对你的爱却是超越生死的，直到永远、永远。"

看到这里，小芳再也按捺不住心里的震惊与激动，抱着爷爷奶奶号啕大哭。信纸从小芳手中滑落，夹在里面的一张泛黄的照片飞落在地上。照片中，母亲带着憔悴但慈祥的微笑，含情脉脉地注视着身旁的小芳，小芳手中挥舞着一沓信在玩耍。照片背后是母亲模糊的笔迹，写着："1978 年，小芳生日快乐！"

"母亲"这两个字突然之间让人觉得重如泰山，有着无限的依托感和责任感。正是这人世间伟大的情感，才孕育出许多感天动地的美丽故事。

（佚名）